# Carmen Mírio

# Regressão para crianças

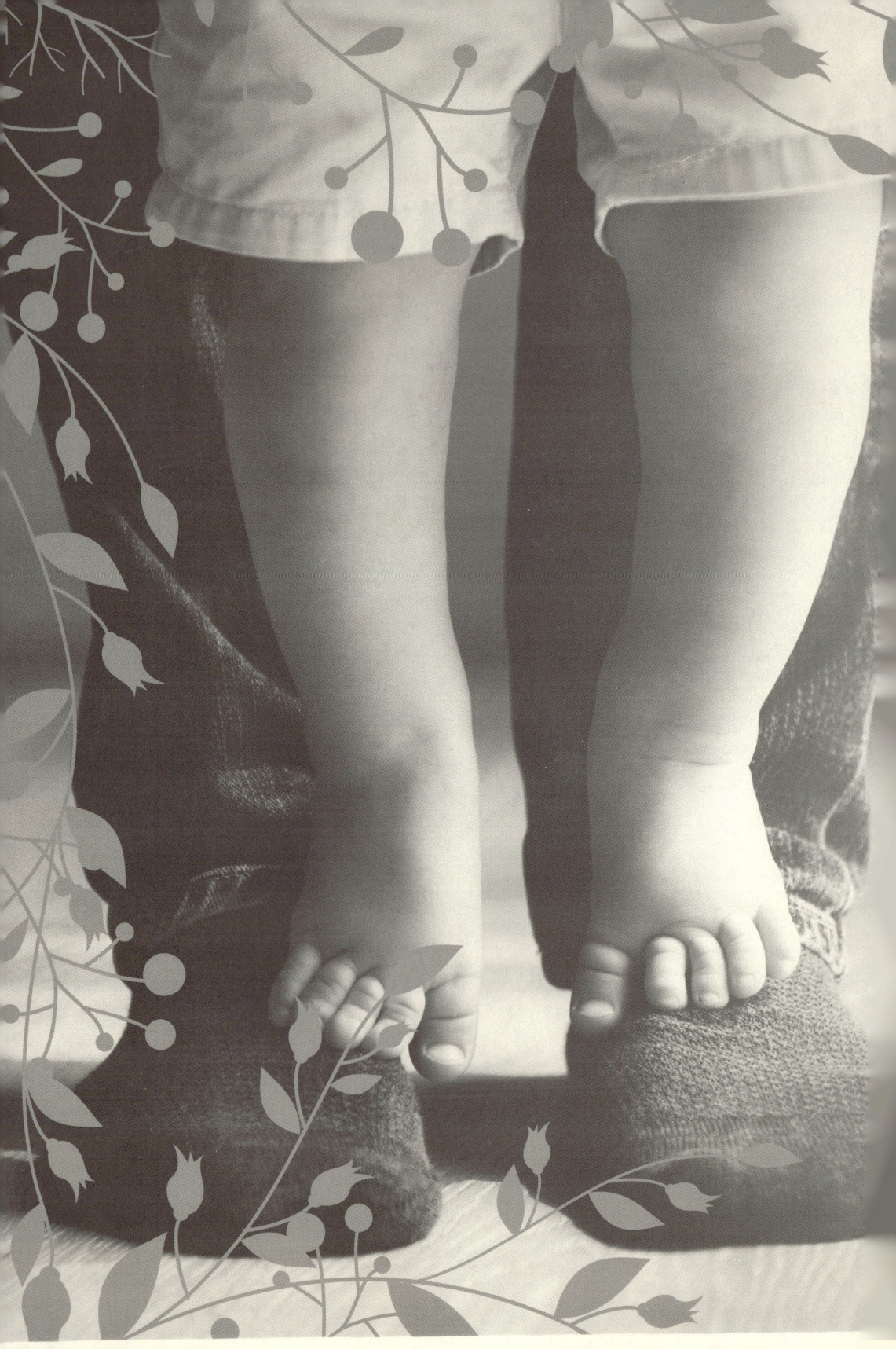

# Carmen Mírio

# Regressão para crianças

acabe com os traumas, medos
e influências negativas que impedem
os pequenos de serem felizes e saudáveis

**Luz da Serra**
EDITORA

Nova Petrópolis/RS - 2018

*Edição*: Luana Paula de Aquino
*Capa*: Marina Avila
*Imagem páginas 2 e 3*: Freepik
*Icones*: Freepik

**Dados Internacionais de Catalogação na Publicação (CIP)**

M675r    Mírio, Carmen.
       Regressão para crianças: acabe com os traumas, medos e influências negativas que impedem os pequenos de serem felizes e saudáveis / Carmen Mírio. – Nova Petrópolis : Luz da Serra, 2018.
       176 p. ; 23 cm.

       ISBN 978-85-64463-68-4

       1. Autoajuda. 2. Espiritualidade. 3. Regressão terapêutica – Crianças. 4. Psicoterapia Reencarnacionista. 5. Terapia de vidas passadas. 6. Cura. 7. Espírito – consciência. I. Título.

       CDU 159.947.2
       CDD 158.1

**Índice para catálogo sistemático:**
1. Autoajuda    159.947
2. Regressão terapêutica    615.851

(Bibliotecária responsável: Sabrina Leal Araujo – CRB 10/1507)

**Todos os direitos reservados.**
*Nenhuma parte desta obra pode ser reproduzida ou transmitida por qualquer forma e/ou quaisquer meios (eletrônico ou mecânico, incluindo fotocópia e gravação) ou arquivada em qualquer sistema ou banco de dados sem permissão escrita da Editora.*

**Luz da Serra Editora Ltda.**

Avenida 15 de Novembro, 785
Bairro Centro
Nova Petrópolis / RS
CEP 95150-000
editora@luzdaserra.com.br
www.luzdaserra.com.br
www.luzdaserraeditora.com.br
Fone: (54) 3298-2233 / (54) 99113-7657

## Gratidão

a todas as crianças, por esta oportunidade.

Resultado de cinco anos de trabalhos contínuos, este livro traz estudos de casos observados nas regressões à distância em crianças, além de regressões presenciais em adolescentes.

A autora Carmen Mírio mostra como funciona todo o tratamento, além de apresentar os resultados alcançados durante os atendimentos.

Aqui, você vai ter acesso a um conhecimento que transformará a sua vida. Você poderá ajudar seus familiares, alunos, pacientes e consultantes a lidar com as enfermidades e limitações, sem sofrimentos e exclusões, mas com muita compreensão e amor.

# Para quem é este livro

Você conhece crianças que nasceram com problemas diversos e inexplicáveis? Síndromes e transtornos? Ou ainda que sentem medos, têm visões e sofrem com "perseguições"? Já viu alguma criança contar sobre suas vidas passadas ou que possuem amigos invisíveis? Se é terapeuta ou psicólogo, já atendeu casos de crianças que têm um comportamento não compatível com sua idade?

Quantos meninos e meninas sofrem com limitações, dores e doenças no mundo. Muitas vezes, tudo isso não é facilmente compreendido pela família e nem pela sociedade. Assim, muitas delas deixam de viver sua infância, são excluídas na escola e no ambiente familiar, sofrem *bullying* dos colegas por serem diferentes ou "estranhas".

Este livro vai expandir seus horizontes. Você verá que existem causas físicas, emocionais, mentais e espirituais, além de casos nos quais a origem está em outras existências. Também entenderá como as regressões terapêuticas podem auxiliar essas crianças a se desligarem dessas lembranças do passado.

**Você saberá que existe um caminho para a melhor qualidade de vida do seu filho, familiar ou paciente!**

# Sumário

Prefácio – Dr. Mauro Kwitko ...................................................... 11

Como tudo começou ................................................................. 13

1. As crianças pedem socorro .................................................. 21

2. Da concepção ao nascimento ................................................ 37

3. A criança e a família ............................................................. 63

4. Dificuldades, Síndromes e Transtornos: como saber de qual tratamento a criança precisa? ........................................ 79

5. O que é a Psicoterapia Reencarnacionista? ........................ 89

6. Como a Regressão Terapêutica pode auxiliar a criança em suas dificuldades ................................................................ 101

7. Estudo de casos: descobertas das regressões terapêuticas ..................................................... 109

8. Amar, apesar de tudo, é a plenitude do ser ....................... 159

9. Perguntas e respostas .......................................................... 166

Bibliografia sugerida ................................................................. 169

Mensagem dos Mentores ......................................................... 171

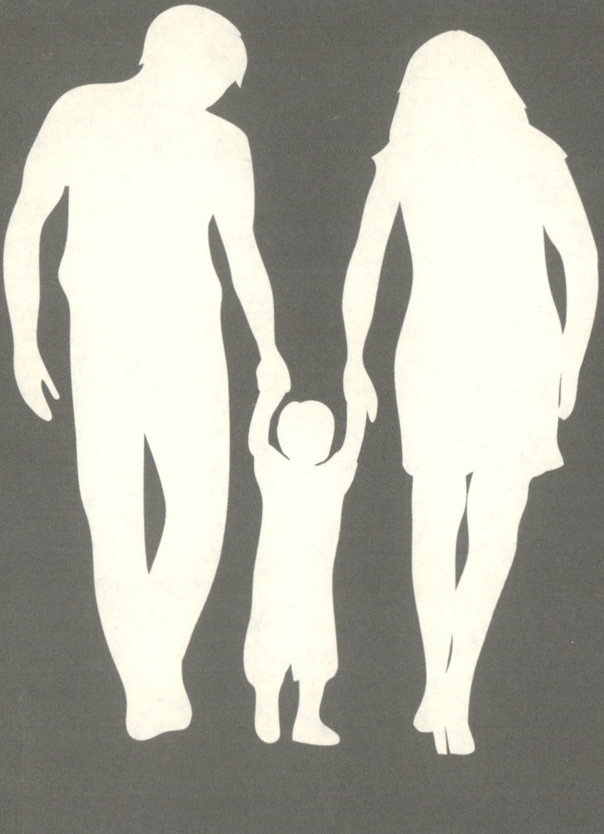

# Prefácio

A Carmen Mírio é dirigente de um Grupo de Regressão à Distância em São Paulo. Quando ela comentou comigo que iria começar uma investigação do inconsciente de crianças com dificuldades, já sabia que desse desejo iria brotar um trabalho de pesquisa da maior importância para a busca do entendimento do porquê de alguns espíritos reencarnarem com síndromes, transtornos congênitos e outras dificuldades.

Este livro, que é um registro do trabalho pioneiro dela, aguça a curiosidade e o interesse de médicos, psicólogos, psicoterapeutas e cientistas que querem ir além da compreensão, tão rápida quanto vaga, de que esses problemas sejam apenas uma alteração genética.

Evidentemente, não estamos nos referindo aos casos oriundos de traumas intrauterinos, durante ou logo após o parto, desnutrição severa, acidentes e outras circunstâncias da infância, que podem provocar distúrbios encefálicos e provocar sequelas profundas, algumas vezes irreversíveis.

Na Psicoterapia Reencarnacionista, através de sua ferramenta, a regressão terapêutica, acessamos o inconsciente das pessoas, e no caso deste livro, das crianças com dificuldades.

Sob o comando dos mentores espirituais dos consultantes, a regressão segue os ensinamentos de Allan Kardec em "O Livro dos Espíritos", em especial a questão 399, que fala do esquecimento do passado.

Entender de onde vem isso, o que os mentores espirituais dessas crianças podem mostrar em vidas passadas ou dizer a respeito já é um bom começo. De tal modo, retiramos o véu que encobre o que se esconde dentro do inconsciente dessas crianças especiais e com dificuldades, que pode ser acessado, se os seres espirituais assim o permitirem e oportunizarem.

A Regressão Terapêutica, na verdade, é a continuação do trabalho de pioneiros, o mais famoso deles, o Dr. Freud, que, como nós, sofreram incompreensões em sua época, como estamos sofrendo agora. Mas isso não importa, o importante é continuarmos o trabalho, sempre respeitando rigorosamente a ética espiritual, que determina o que pode ser acessado e o que pode ser entendido.

Parabéns à Carmen e sua equipe
pelo pioneirismo e dedicação.

Com carinho,

**Mauro Kwitko**

Médico autolicenciado do Conselho Regional de Medicina, fundador e presidente da Associação Brasileira de Psicoterapia Reencarnacionista (ABPR).

# Como *tudo* começou

**Este livro tem uma importância muito grande** na minha vida, pois faz parte da minha missão de alma. Ele foi escrito para auxiliar mães, pais e responsáveis a compreenderem as dificuldades pelas quais seus filhos vivem, seja no âmbito físico, emocional, mental e espiritual.

Muitas vezes os adultos não entendem o que se passa com a criança e isso traz sofrimento para ela e para todos ao seu redor, familiares e cuidadores. Vivi isso na prática e sei como é não ser compreendido.

Quando eu era criança eu via espíritos, chorava sem razão, sentia presenças, ouvia coisas, sem contar os pesadelos que me faziam acordar gritando. Os meus pais ficavam assustados, mas nunca acharam que eu tivesse problemas. Ainda bem, pois na época em que eu era criança não havia alternativas para quem pensava, via e sentia "coisas invisíveis", apenas hospícios, camisa de força e medicamentos.

Sempre rezava e pedia para não ter mais medo daquilo tudo. Mas eu ouvia uma voz, a do meu amigo invisível, que dizia: "Reze para Jesus e estude. O conhecimento te trará luz e afastará o medo, pois entenderá o que tudo isso significa".

Embora eu estivesse criança e não entendesse o que me era falado, o meu espírito milenar sabia, pois trazia memórias de vivências passadas, além de inimigos que ainda me viam como eu era e não como eu estava.

O tempo foi passando e fui crescendo, sempre com a orientação dos meus amigos invisíveis. Aos 18 anos, ingressei na Umbanda e na faculdade de Direito.

Mais de 20 anos depois, recebi novas instruções dos meus mentores. Segundo eles, era preciso ajustar a rota, pois eu estava pronta para seguir novos caminhos.

Eu não entendia muito bem, mas fui em frente apesar das minhas resistências. Em 2006, deixei a Umbanda e o Direito. Naquela época, eu era professora universitária e coordenadora dos cursos de Direito da Universidade. Foi um choque sair da profissão que escolhi e também da Umbanda.

No âmbito espiritual, encontrei um novo lugar para trabalhar, pois era uma nova Umbanda, muito diferente daquela que eu estava acostumada, sem os ritos habituais. Adaptei-me ao novo local espiritual, conheci meu marido Marcelo, passei a criar cursos, canalizar muitas informações, estudar e escrever sobre muitos assuntos.

A transição espiritual foi apenas fisicamente, pois todos os amigos e mentores agora estavam comigo em um novo formato, mais mental, mais sutil e intuitivo. A fé e a intuição seriam muito mais fortes a partir daquele momento e eu teria de estar mais atenta.

Entretanto, deixar o Direito foi mais difícil, pois eu amava dar aulas na universidade, ministrar cursos. Como deixar tudo aquilo? Resisti tanto em deixar o Direito, o meu *status* de advogada, doutora e professora universitária, os meus bens materiais. Resolvi entrar na faculdade de jornalismo, "achando" que seria o caminho correto. Ainda não tinha aprendido tudo. Na verdade, eu estava resistindo ao que me fora passado pelos mentores.

No segundo ano da faculdade de jornalismo, ouvia dos amparadores: "Pare, não é este caminho". E então fui diagnosticada com câncer de mama. Uau! Parei imediatamente. Parecia que um muro havia se colocado à minha frente, fiquei sem chão.

O que fazer agora?

Ouvi: "Em primeiro lugar, vá tratar isso".

E assim eu fui. Quando estava de volta ao trabalho, meditei e aguardei as orientações. E foram as seguintes: "Seja terapeuta".

Como assim? De advogada e jornalista a terapeuta? Eu ainda resistia. Lembrei-me que, como professora e coordenadora do curso de Direito, eu auxiliava os alunos na escolha das suas carreiras, ouvia os problemas dos estudantes e dos colegas professores, ajudava-os a encontrarem respostas. Nossa, eu já estava treinando para a minha futura profissão.

Mas, mesmo assim, fui fazer um curso de *coach*, afinal eu não era psicóloga. Ainda resisti um pouco em deixar o

Direito e me entregar totalmente às terapias. No auge da minha resistência perdi tudo, materialmente falando. Precisei vender meu apartamento e meu carro bacana e fui morar de favor. Essa RESISTÊNCIA é o que chamo de "cabeça dura".

Naquele momento, tive de contar comigo para entender as razões daquilo tudo. Percebi o que a Umbanda e o Direito tinham em comum. Durante tantos anos, me ensinaram: a obedecer a ordens, ter disciplina e respeitar a autoridade.

Depois disso, só me restava aplicar o que havia aprendido. Do zero comecei, após o *coach*, a fazer cursos terapêuticos, tais como Cinesiologia Especializada[1], Apometria, Reiki, Numerologia, Cromoterapia, entre outras terapias.

Até que cheguei à Psicoterapia Reencarnacionista e à Regressão Terapêutica, que transformaram de vez a minha vida. Foi o momento em que me reergui e me reencontrei. Foi a segunda vida nesta vida.

Conclui a minha formação no curso de Psicoterapia Reencarnacionista, e passei a ser monitora. No ano de 2013, meu

---

[1] A Cinesiologia Especializada é um método de trabalho e diagnóstico terapêutico do próprio corpo do paciente que utiliza o teste muscular como mecanismo de biocomunicação do sistema corpo-mente, buscando corrigir os possíveis desequilíbrios a partir de seu surgimento e origem. É uma técnica acima de tudo preventiva. Coadjuvante nos tratamentos médicos, reduz o estresse, amplia a vitalidade e o equilíbrio geral do organismo. É especialmente indicada em casos de doenças psicossomáticas ou quando o paciente tem sintomas, vai ao médico, mas os exames não apontam nada.

amigo invisível me disse: "Você vai iniciar um trabalho de regressão com as crianças e escrever um livro a respeito". Formei um grupo de pessoas, criei um formulário com perguntas para os pais e iniciei as entrevistas. Começamos a realizar as regressões à distância e de forma presencial para as crianças.

O resultado deste trabalho de cinco anos está neste livro. Este é um serviço de equipe – física e espiritual –, com muita dedicação e muito amor por parte do todos os envolvidos. Os mentores nos ensinaram muito e ainda hoje nos ensinam.

As regressões continuam, são realizadas todas as terças-feiras, com a participação das famílias e das crianças, nas cidades de Santos, Ribeirão Preto, Uberlândia, São José dos Campos e São Paulo.

Atualmente, eu faço o que mais amo: dar aulas e ensinar. Tornei-me ministrante dos cursos de formação em Psicoterapia Reencarnacionista e também incentivo meus alunos a criarem grupos de regressão para crianças.

Como estudar é uma constante na minha vida, fiz a formação em Constelação Sistêmica Familiar, aplicada especialmente em crianças, na qual utilizo bonecos, desenhos e âncoras. Participo ainda do trabalho de pesquisa na Pineal Mind da Universidade Internacional de Ciências do Espírito (Uniespírito), sob a coordenação do médico Dr. Sergio Felipe de Oliveira, também com foco na infância.

Eu tenho certeza que este trabalho faz parte da minha missão neste planeta, pois quando comecei a passar pelas regressões entendi as razões pelas quais quero trabalhar para as crianças.

Sou muito grata e feliz por isso. Principalmente, quando vejo os resultados na vida das famílias e, em especial, dos pequenos.

Quero ver um mundo em que as crianças não precisem sofrer, nem serem catalogadas ou diagnosticadas, **que apenas sejam crianças.**

*Carmen Mírio*

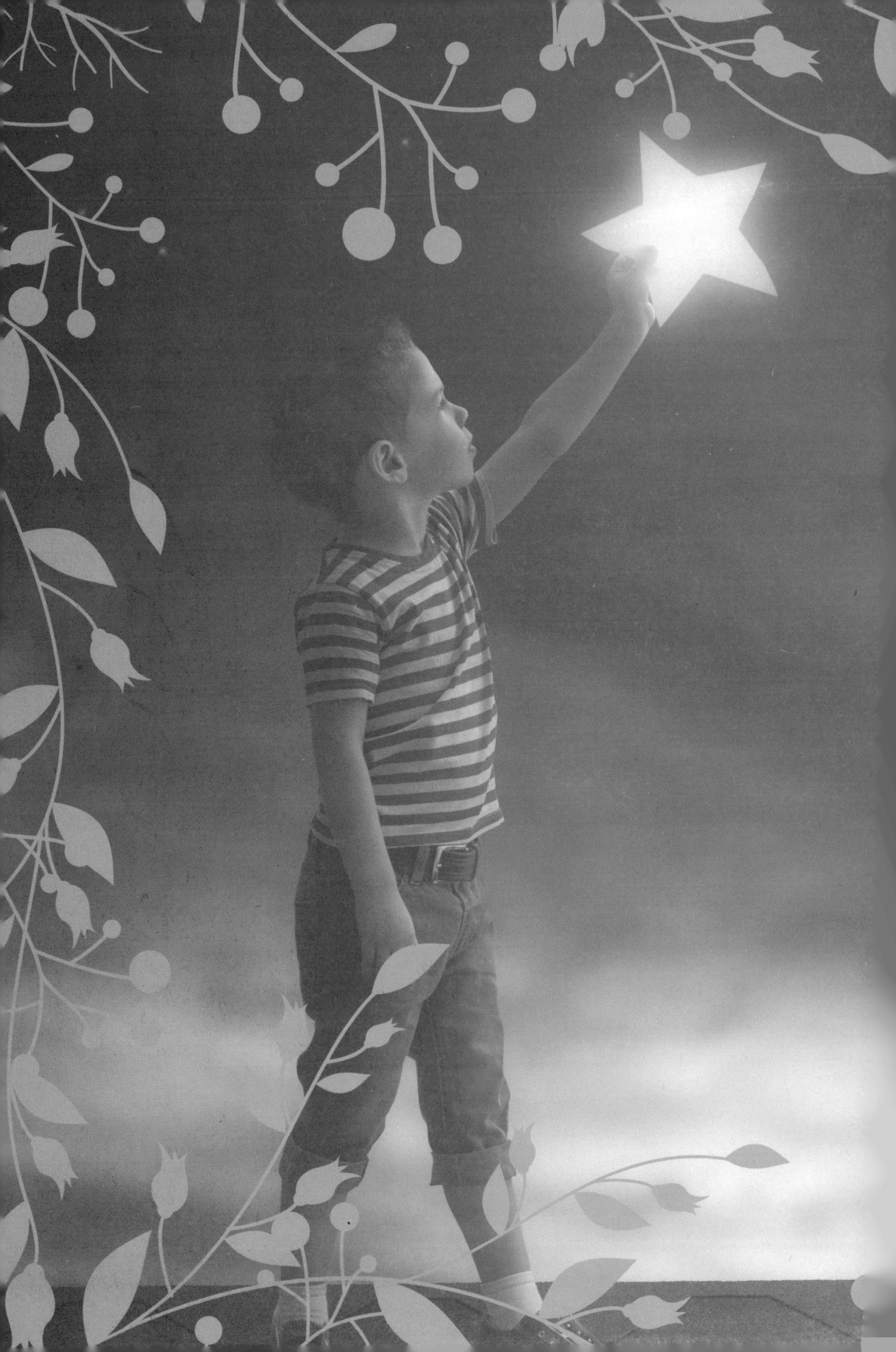

## Capítulo 1

# As crianças pedem socorro

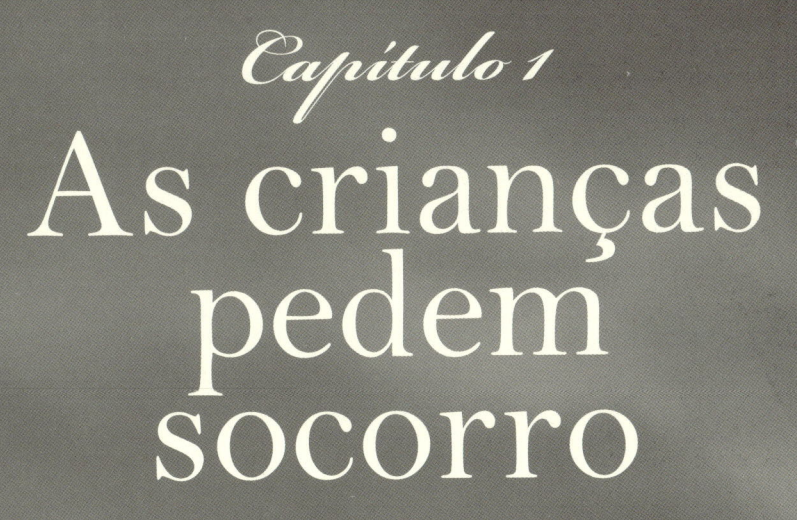

*"Um dos piores defeitos dos adultos
é não observar as poderosas lições de consciência
que as crianças nos dão."*

**PAULO URSAIA**

**Você conhece crianças que têm dificuldades**[1] ou problemas sérios de saúde? Ou ainda que apresentam comportamentos como os que são descritos a seguir:

– Não dormem por medo de perseguição ou de morrer;

– Têm sonambulismo;

– Falam línguas estranhas;

– Agem como se fossem adultas, dando ordens;

– Falam com pessoas amigas e inimigas invisíveis;

– Agridem outras crianças ou seus irmãos;

– Atacam furiosamente coleguinhas na escola;

– Quebram tudo e aterrorizam em casa ou na escola;

– Sofrem ataques;

– Possuem uma conduta sexual não compatível com sua faixa etária;

– Têm déficit de atenção;

– São hiperativas;

– Gritam no meio da rua e em locais públicos, sem uma explicação aparente.

---

[1] Aqui, neste livro, o termo "dificuldades" engloba todo e qualquer problema ou doença: física, energética, emocional, mental e espiritual.

Se você tem alguém na sua família com algum desses problemas, com certeza, já deve ter observado que, na maioria das vezes, elas não são compreendidas e os diagnósticos são os mais diversos.

Mas o que poucas pessoas sabem é que o fato de uma criança apresentar dificuldades físicas, emocionais, mentais e/ou espirituais é sinal de que algo está fora da ordem – seja nesta vida ou em decorrência de outras existências.

Alguns desses casos podem ser gerados durante a gestação e manifestados logo após o nascimento. Outros apresentam sintomas no decorrer da infância ou mesmo da adolescência. Podem ainda ter origem em situações ocorridas em outras vidas.

**É preciso entender que as crianças pedem socorro** e necessitam de um tratamento integral, considerando todos os fatores: físico, emocional, mental e espiritual. Muitas delas sofrem ataques, enxergam seres espirituais, ouvem vozes que não param, falam línguas que ninguém entende, adoecem e são tratadas pela metade, agravando cada dia mais a situação.

Se uma criança nasce num lar onde há compreensão dos fenômenos espirituais e energéticos, sorte delas. Entretanto, quando os pais não acreditam em nada ou desconhecem a respeito de energia e espiritualidade, as crianças e os jovens são levados diretamente para os medicamentos de tarja preta e/ou são internados ou tratados como loucos.

Nos trabalhos realizados pela equipe de Regressão à Distância (RAD) da qual faço parte, algumas mães nos relataram casos de crianças com doenças diagnosticadas e, outras tantas, de situações sem resposta até mesmo pela medicina. Além disso, elas sofrem *bullying* por parte dos colegas da escola, por serem "estranhas".

Entender o que se passa com uma criança em dificuldades nem sempre é tarefa fácil, pois no dia a dia podem ocorrer surtos e dores inexplicáveis. Em um primeiro momento, isso pode levar pais e responsáveis ao total desespero.

Sem saber o que fazer, os familiares, tutores e diretores de instituições de ensino acabavam encaminhando seus filhos e alunos aos **hospitais e clínicas.**

Os consultórios de médicos e psicólogos, além dos **conselhos tutelares**, estão cheios de casos de agressividade, descontrole, mau comportamento e envolvimento em brigas.

Já as **igrejas** e os **centros espíritas** recebem crianças com problemas espirituais. Neste caso, elas só são levadas em casos extremos, quando a família já recorreu a várias instituições médicas e tenta um derradeiro recurso.

Ouço muitas histórias em consultório, e a cada dia surgem mais problemas envolvendo crianças e adolescentes. Há casos em que o filho grita e chora desesperadamente, e os pais não sabem o que fazer para acalmá-lo. Outros relatos falam de crianças e adolescentes agressivos sem razão aparente. As mães também contavam que seus filhos apresentavam atitudes cruéis, sem controle, tanto na escola, quanto em casa. Mutilavam-se ou machucavam os colegas e amigos. Alguns chegavam ao ponto de tentar o suicídio.

Tal comportamento gerava insegurança e aflição em todos os membros da família, que não tinham mais esperança de superar o problema que estavam vivendo.

Depois de se acalmar, os jovens foram indagados pelos pais sobre o motivo pelo qual agiram daquela maneira. Muitos deles disseram que foram influenciados por "um menino", "um homem invisível, vestido de preto" ou "uma voz" que lhes ordenava ter aquele tipo de comportamento.

Por não acreditarem nesses relatos, na maioria dos casos, os adultos ficavam desconcertados e desorientados, brigavam com seus filhos, pois achavam que eles estavam mentindo.

Episódios como esses se repetem diariamente. E, para tratar uma criança que vive assim, é necessário o envolvimento de toda a família que mora com ela.

Os meus estudos e a minha experiência nessa área apontam para esse caminho. O trabalho de regressão terapêutica e o tratamento de todo o grupo familiar já nos mostrou que **é possível uma grande transformação**. Os resultados positivos você conhecerá mais adiante neste livro.

# A cura dos problemas da alma

Estamos no século da tecnologia avançada, com máquinas poderosas que detectam tudo que se passa no corpo humano, entretanto não há nada na medicina convencional que descubra a origem dos problemas da alma.

Os pais que desconhecem as causas mentais, emocionais e espirituais das doenças não sabem como agir diante desses problemas de saúde apresentados pelas crianças e adolescentes.

Quando encontram profissionais da saúde que consideram apenas a questão física, acabam gastando com medicamentos, internações, viagens e deslocamentos sem êxito, pois não estão tratando as verdadeiras causas.

Em busca da cura dos filhos, perdem tempo, dinheiro e, o mais grave, as esperanças. Ao desconhecer o verdadeiro motivo das doenças físicas, dos desequilíbrios emocionais e até mesmo dos distúrbios mentais, não conseguem chegar a um tratamento eficaz.

Daí, surgem muitas perguntas:

Qual será a origem de tantos distúrbios?

Qual é a solução para tudo isso?

Por que crianças tão pequenas
sofrem tanto assim?

E os pais? Para que precisam passar por isso?

Como devem agir diante de tantos problemas?

São tantas as questões, e para respondê-las é necessário expandir nossa maneira de ver a vida. Não podemos mais ignorar o fato de que somos seres integrais. E as crianças e os adolescentes precisam ser olhados da mesma forma.

Compreender melhor tudo o que se passa requer de todos nós a saída do comum diagnóstico físico, estendendo os cuidados e as investigações para os campos emocional e mental. Sobretudo, exige que ampliemos para uma visão espiritual também. Por sermos espíritos milenares e eternos, devemos ser tratados como tal, ultrapassando as barreiras do preconceito e do entendimento comum.

É fundamental perceber as crianças e os adolescentes como seres inseridos em um **meio ambiente complexo**. Olhar de forma integrativa, abordando os aspectos físicos, energéticos, emocionais, mentais e espirituais.

Somos constituídos de um corpo físico, um corpo energético, um corpo emocional, um corpo mental e um corpo espiritual milenar. Observar uma criança apenas em seu aspecto físico, emocional e mental é limitar as possibilidades de encontrar um caminho para a solução ou uma possível cura.

Em função disso, é necessário um trabalho integral, para que sejam observados e tratados todos os corpos e os campos da vida daquela criança ou adolescente com dificuldades.

## Abordagem integrativa: Aspectos a serem observados

**a) físicos:** originados de reações químicas e biológicas do corpo físico, sejam trazidos desde a gestação ou ocorridos após o nascimento. Exemplos de mães que durante a gestação adoeceram, ingeriram medicamentos, drogas ilícitas ou álcool, sofreram traumas e perdas, passaram por dificuldades, separações, brigas, mãe ou pai que rejeitou o filho, tentativa de aborto. Tudo isso causa sequelas irreparáveis na criança.

**b) energéticos:** causados pelo ambiente em que vive a família da criança. Se nessa casa ocorrem brigas, agressividade, violência, ingestão de bebidas alcoólicas, drogas e desajustes, podem ocorrer problemas e crises em quem reside no local. Esses fatores carregam o ambiente de energia densa e pesada. A criança, por ser muito sensível e frágil, absorve e reage de muitas maneiras. Quando começa a gritar sem motivo aparente, ela pode estar vendo, sentindo ou ouvindo algo extrafísico, como formas de pensamento[2], miasmas e energias condensadas em forma de monstros. Vibrações derivadas da raiva, agressividade, violência, medo e tristeza possuem formas definidas.

---

[2] Formas de pensamento são formas energéticas produzidas pelo pensamento.

c) **emocionais:** trazidos pelo espírito da criança e que disparam diante das pessoas da família, de fatos ou situações que acontecem no dia a dia, causando reações e sentimentos que se revelam nocivos. O abandono e a rejeição despertam problemas graves. Exemplos: Bebê que fica na UTI do hospital ou doente internado sem os pais, a separação dos pais, a morte de um deles, o abandono dos pais ou a rejeição. Gestantes viciadas em drogas pesadas e que após o nascimento da criança a abandona.

d) **mentais:** sejam detectados no cérebro da criança ou diagnosticada como doença mental, sem sequelas cerebrais, mas que geram perturbações psíquicas, reações na criança e nas pessoas que a cercam. Os problemas mentais dos adultos afetam as crianças e os adolescentes, porque eles captam os distúrbios que ocorrem no ambiente. Muitas crianças e adolescentes reagem bruscamente com "comportamentos inadequados" em decorrência das atitudes de pais controladores, com raiva, que brigam entre si, ou de separações traumáticas, que usam seus filhos como joguete, que se atacam através dos filhos. Esses são alguns exemplos de situações que geram distúrbios nas crianças e nos adolescentes.

e) **espirituais:** reações inexplicáveis das crianças, como: surto de fúria, irritação, medo sem motivo aparente, gritos de pavor, perseguição, agressividade, choro sem parar, tentativa de suicídio, depressão, entre outros, gerados por ataques de espíritos, desafetos do passado desencarnados, que podem ser seus, dos familiares ou de pessoas estranhas (acompanhadas de espíritos ruins) que a visitam, nas ruas ou ambientes dentro e fora de casa.

As crianças que nascem com necessidades ou dificuldades expostas – físicas, emocionais, mentais e espirituais –, podem trazer resultados kármicos, ou seja, fruto de ações e condicionamentos de vidas passadas.

Quando nos deparamos com uma criança com dificuldades ou problemas de saúde, nunca imaginamos que ela possa trazer na sua bagagem, ou nos arquivos de vidas passadas, situações difíceis, traumáticas ocasionadas por ela ou por causa dela.

**Precisamos ter em mente que somos espíritos milenares com muitas vidas passadas e trazemos na bagagem resultados das nossas atitudes e escolhas boas e/ou ruins.**

É essencial entender que não há vítimas no Universo e que todos somos resultados de nós mesmos. Não há castigo divino, não há punição, mas ajustes e acertos para a evolução.

Sob a ótica espiritualista, este assunto nada tem a ver com religião, pois a ciência já vem comprovando a existência de universos paralelos, de outras dimensões, de seres de outros planetas, da energia sutil e da reencarnação.

**O KARMA**[1] É uma lei espiritual natural ou o princípio que governa todas as nossas interações. Ele começa com uma emente de pensamento que se desenvolve e cresce ao longo do tempo, através de nossos sentimentos, atitudes, palavras, ações e relacionamentos.

Ele finalmente se estabelece em nossas almas como traços de personalidade, apenas para surgir de novo na forma de outro pensamento. Quando se dá felicidade, em retorno, experimenta-se felicidade, e quando a tristeza é dada, a tristeza será experimentada em igual medida.

Em outras palavras, qualquer emoção que eu leve outra pessoa a sentir deve, em algum momento, tornar-se minha própria experiência. Alguém pode se sentir desencorajado e pensar: "Se tudo o que está me acontecendo agora é em virtude de minhas ações passadas, não há nada que eu possa fazer a respeito".

Mas se o passado criou o presente, o presente também cria o futuro. Ao invés de sermos escravos do passado, entender a Lei do Karma nos inspira a participar ativamente

---

[1] Disponível em: <http://www.brahmakumaris.org/what-we-do-pt/courses-pt/fcirym-pt/topics.htm-pt/karma.htm-pt?set_language=pt>.

em criar nosso próprio destino. O pensamento é uma semente; a ação é seu fruto. A qualidade do fruto é determinada pela qualidade de sua semente. Os bons pensamentos levam a boas ações que beneficiam os outros e também a si mesmo.

A Lei do Karma começa a trabalhar a meu favor quando eu paro as ações habituais que são prejudiciais, assumo a responsabilidade para enfrentar positivamente as consequências de tais ações desempenhadas no passado e presto atenção em desempenhar ações positivas desse momento em diante.

É uma lei de justiça absoluta, cujos longos braços alcançam facilmente de uma vida para a próxima, permitindo que a alma colha os frutos de quaisquer sementes que tenha plantado e crie o destino que quiser.

**O objetivo aqui é entender as razões pelas quais uma criança nasce ou se revela com dificuldades, aprender com essas situações e saber como lidar com elas.**

Outro ponto importante é ajudá-las a transpor as barreiras. Esse é o caminho mais sensato, mas, para muitas pessoas, pode parecer difícil acreditar nisso tudo. Entretanto, pesquisas recentes realizadas pela ciência vêm derrubando, vagarosamente, os conceitos antigos que separam a vida física material da espiritual.

Enxergar a própria vida e a dos demais seres vivos com os olhos do Espírito e não com a visão limitada do Ego materialista, é poder ver a realidade de cada um e a grandiosidade da vida.

## O ego não vê nada além dele mesmo e se faz sempre de vítima.

Para que essa visão seja compreendida é muito importante entender a vida como uma continuação de vidas passadas, descobrir o propósito da reencarnação e olhar para cada ser vivente como um espírito eterno e milenar.

Para isso, é necessária uma releitura da vida, sob o ponto de vista reencarnacionista. A partir daí, começamos a entender muitos fatos e situações, vividas pelas pessoas e pelas famílias. Sob a ótica reencarnacionista, a infância não é o início da vida, mas uma continuação de vidas anteriores, e se faz necessário entender o que precisamos aprender para superarmos aquela etapa da vida e iniciarmos outras tantas.

## A reencarnação[1]

O espírito retornando à forma material é encontrado em diferentes períodos e culturas na história da humanidade. A tradição filosófica ocidental coloca a ideia da sobrevivência da alma após a morte física e sua jornada evolutiva por meio da reencarnação. Essa ideia se faz presente nas escrituras dos antigos gregos órficos, que influenciaram Pitágoras e Platão. Nas culturas das civilizações orientais, o conceito de reencarnação é também encontrado em religiões e filosofias tais como Budismo (525 a.C.) e Taoísmo (604 a.C.). Conforme a Bhagavad Gita, livro sagrado do Hinduísmo (1500 a.C.) e outras filosofias/religiões, a reencarnação envolve um ciclo contínuo de aprendizado e evolução através das vidas sucessivas. Desse ponto de vista as dificuldades são transitórias e podem ser superadas quando as lições que as adversidades trazem são absorvidas.

---

[1] Disponível em: <http://www.julioperes.com.br/Artigo_Psique.pdf>.

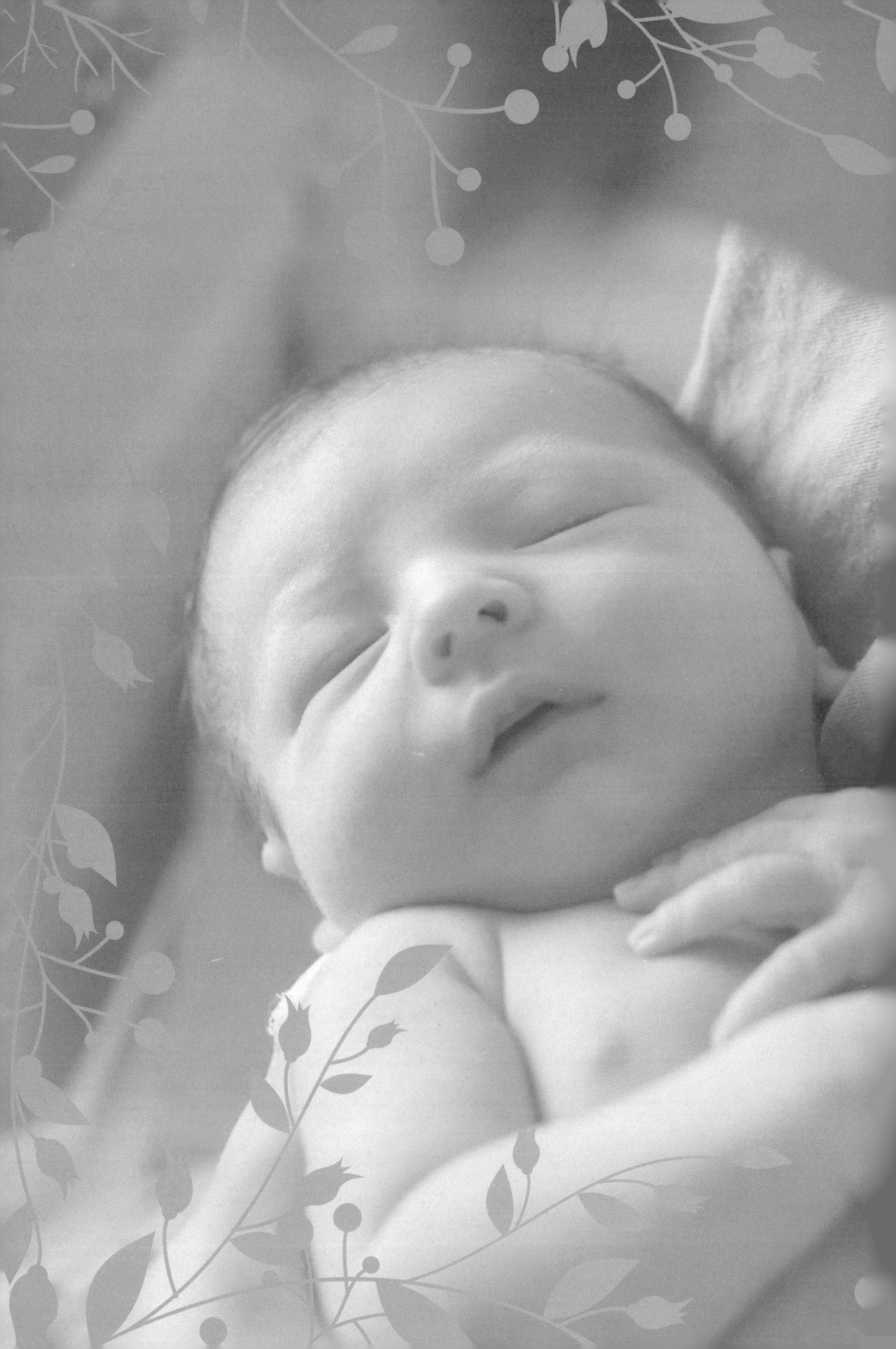

## Capítulo 2
# Da concepção ao nascimento

> "Não somos seres humanos tendo uma experiência espiritual. Somos seres espirituais tendo uma experiência humana."
>
> **PIERRE TEILHARD DE CHARDIN**

> **De onde viemos?**
>
> **Para onde vamos?**
>
> **Qual o sentido da vida?**
>
> **Por que crianças nascem doentes?**
>
> **Onde está Deus que não impede tudo isso?**
>
> **Por que os pais e as famílias sofrem tanto?**

Tantas são as questões que assombram as mentes de pais e familiares de crianças doentes ou com dificuldades. Todos gostariam de entender as razões pelas quais uma criança nasce doente ou com dificuldades físicas, emocionais e mentais. A ciência, entretanto, ainda busca respostas para tantas perguntas.

Os pesquisadores que se baseiam na física clássica acreditam no limite do físico e continuarão sem respostas e soluções para os inúmeros casos de doenças raras e incuráveis. Contudo, a nova ciência, baseada na física quântica, já visualiza respostas e justificativas com pesquisas avançadíssimas de curas e reversões de casos raros.

Para que essas pesquisas continuem e seja descoberta a cura de uma infinidade de doenças, é necessário considerar e buscar as enfermidades escondidas na alma. Ao considerarmos a trajetória milenar do espírito, ou seja, todas as existências ou vidas passadas de uma pessoa, podemos obter respostas para muitas dessas questões.

**Unir a ciência e a espiritualidade** será o caminho para muitas dúvidas existentes e sem respostas aparentes. Este tema não é novo, pois muito já se escreveu a respeito, principalmente no âmbito dos estudos espiritualistas, holísticos e esotéricos. Hoje, o assunto vem ganhando força nos meios acadêmicos científicos oficiais no nosso país e pelo mundo.

No entanto, para que ocorra o efetivo desenvolvimento desses estudos, deve haver uma mudança dos paradigmas mantidos pela religião e pelo materialismo, já que, no mundo ocidental, a existência da reencarnação foi suprimida da história.

## A continuação da vida após a vida, e da vida antes da vida

Apesar de todo o atraso no âmbito das pesquisas referentes à imortalidade do espírito, atualmente muitos cientistas e espiritualistas têm estudado a respeito da existência do denominado corpo bioplasmático, aura ou energia sutil existente nas moléculas de um átomo.

Aos poucos, as pesquisas sobre a energia sutil existente no corpo humano, as memórias ocultas existentes no corpo físico, seus centros energéticos (chakras) e na alma de cada pessoa têm avançado nas universidades pelo mundo.

Os estudos identificam que os pensamentos geram partículas e, a partir disso, explicam muitos "milagres" de cura. Há ainda resultados que constatam o registro de vidas passadas na memória do inconsciente, além de Experiências de Quase Morte (EQM), que trazem relatos interessantes e importantes para essa Nova Era.

Muitos estudiosos, no mundo inteiro, pesquisam sobre vidas passadas e reencarnação. O médico canadense Ian Stevenson, um dos maiores divulgadores e pesquisadores a respeito de reencarnação, EQM e mediunidade, afirma:

> O conceito de reencarnação recoloca num patamar de equilíbrio todas as injustiças observadas no mundo – por exemplo, nascer rico ou miserável, com deficiências físicas, morrer ainda criança ou depois dos 100 anos. As reencarnações seriam necessárias para, depois de diversas jornadas terrestres, a alma adquirir o equilíbrio intelectual e espiritual requerido em um novo estágio de existência.

O renascimento ou a reencarnação traz a possibilidade de uma nova chance de mudança interior (mudar seus sentimentos, pensamentos e atitudes), de ajustes (com seus inimigos e familiares), de refazer o que deixou incompleto ou fez de maneira incorreta. Diante disso, seriam compreensíveis as muitas "injustiças" que ocorrem no nosso planeta.

No Evangelho, o próprio **Mestre Jesus** revela a necessidade da reencarnação para que ocorram os ajustes e a melhoria da alma, com o benefício do esquecimento do que se passou anteriormente.

Disse o Mestre Jesus a Nicodemos: **"Na verdade, vos digo que aquele que não nascer de novo não pode ver o reino de Deus"** (João 3:3).

Com o entendimento da reencarnação e de vidas passadas, há uma nova visão e versão das nossas vidas e dos fatos que ocorrem no mundo. Existe uma releitura e passamos a entender a programação de cada vida e a razão pela qual temos que passar por experiências, muitas vezes desagradáveis, além de outras tantas boas. Há a oportunidade de recomeçar, reparar os equívocos e encontrar o real sentido da vida.

Entretanto, não basta apenas acreditar na reencarnação, mas é preciso viver como um reencarnacionista, mudando a visão limitada do ego a respeito da vida e de si mesmo, para descobrir o espírito a partir de um olhar mais amplo e verdadeiro.

Com isso, entendemos os aspectos da personalidade congênita e dos padrões que se repetem há vidas e vidas, para então mudá-los. É possível ainda descobrir que estamos em cascas e rótulos provisórios, e que devemos aproveitar a encarnação atual para finalmente evoluirmos.

Reencarnar é trocar a roupagem física para fazer diferente do que sempre fez e do que foi. É como se arrepender dos enganos cometidos e ter a possibilidade de novas escolhas que produzam melhores resultados. Entretanto, o que ocorre é que mudamos a roupagem e continuamos a repetir os mesmos padrões de atitudes, pensamentos e sentimentos, fazendo as mesmas escolhas e produzindo os mesmos resultados.

Na **visão reencarnacionista** há uma programação para cada nova jornada ou nova vida, com aprendizados, ajustes, pessoas amigas e inimigas, familiares, situações, de acordo com a necessidade, o merecimento e a atração para a evolução de cada um. É uma viagem de alguns anos, programada de acordo com aquilo que precisa ser refeito ou acabado.

Nascer com o pai e a mãe biológicos ou adotivos, ou a ausência deles, com pai ou mãe agressivos e/ou amorosos, faz parte do aprendizado de cada um. A forma com que cada ser encara o mundo que se apresenta a sua frente também integra esse processo de aprendizagem.

Numa família, cada filho reage de uma maneira ao mesmo pai e à mesma mãe. A programação de cada um é diferente, com aprendizados individuais e em conjunto com a família e a sociedade.

Então, podemos constatar que cada um dos integrantes do grupo familiar possui uma personalidade congênita própria, trazida ao nascer, fruto de diversas vidas passadas e que reage de forma distinta diante das pessoas e situações.

Cícero Marcos Teixeira, em seu livro "Educação de pais gestantes: gestação/reencarnação", esclarece:

> O reencarnante é um ser que pensa, sente e age com menor ou maior autonomia e liberdade, de acordo com seu estágio de evolução consciencial e espiritual alcançado. Conforme os ensinamentos transmitidos por André Luiz[1], o reencarnante configura-se como uma INDIVIDUALIDADE que preexiste à formação de um novo corpo físico, através do processo biológico da gestação, com a indispensável contribuição dos pais biológicos, dotado de uma "Personalidade Congênita".
>
> As pesquisas na área da Psiconeuroimunologia e as estruturas de personalidade do indivíduo cada vez mais apontam para a existência de possíveis ligações e conexões entre doença-personalidade e os corpos energéticos sutis que integram

---

[1] André Luiz é o nome atribuído pelo médium e filantropo brasileiro Francisco Cândido Xavier a um dos espíritos mais frequentes em sua obra psicografada. Algumas obras psicografadas atribuídas a André Luiz já foram adaptadas para o teatro, televisão e cinema; mais notoriamente o best-seller Nosso Lar, com um filme de sucesso lançado no Brasil em 2010.

a organização anatômica, fisiológica e psicossomática do ser humano. (p. 44, 2000)

O **programa de vida** de cada espírito encontra-se ligado ao respectivo grupo familiar e racial, ao povo ou à nação. Estará na condição de: branco, negro, oriental, homem, mulher, pai, mãe, filho, irmão e não será, em essência, tais cascas e rótulos, pois sua experiência é passageira. Haverá ainda a construção do molde do corpo físico, de acordo com os compromissos, comprometimentos e vinculações kármicas.

Cada um receberá de acordo com as necessidades da própria evolução, pois levamos e trazemos, ao nascer, a bagagem do passado, e **os laços familiares não são destruídos pela morte do corpo físico, tampouco pela reencarnação**.

Ao deixarmos o corpo físico, subimos para o mundo espiritual e, ao voltarmos, mudamos apenas a roupagem física (rótulos das cascas). Entretanto, o conteúdo vivido em outras vidas estará presente. Trazemos a nossa bagagem, com as nossas tendências do passado, que podem ser tanto positivas quanto negativas.

São os traumas, a dor, o sofrimento, o medo, a raiva, a mágoa, a vingança, a solidão, o vazio, o orgulho, a vaidade, o caráter fraco, a pobreza moral, a tristeza, a culpa, o autoritarismo, o fato de se sentir melhor ou pior que os outros.

Também as virtudes conquistadas no decorrer das existências passadas: a alegria, o bom humor, a compaixão, o amor, o altruísmo, a sabedoria, a autoconfiança, a fé, a generosidade, a disciplina, a coragem, os dons e os talentos.

Ainda estarão presentes na nossa vida as pessoas que amamos e aquelas que odiamos no passado, para que possamos resgatar os laços de amor e afeto. É uma nova chance de fazer melhor nesta existência.

O comprometimento com o passado pode atrair para a nova vida desafetos de encarnações anteriores, indivíduos encarnados ou desencarnados cujos laços energéticos estão presos por sentimentos e pensamentos, e que só poderão ser dissolvidos com a reforma interior e o resgate do amor verdadeiro.

Muitas vezes tais indivíduos ou desafetos podem estar presentes em nossa vida como um pai, uma mãe, um irmão, um cônjuge, filhos, sogros, avós, tios, etc.

Dessa maneira, é necessário entender profundamente a própria vida, deixar de pensar que é vítima das circunstâncias e descobrir que **somos resultados das nossas ações, pensamentos, sentimentos e palavras de muitas existências**. Ou seja, somos resultados de nós mesmos.

Para isso, é imprescindível o autoconhecimento, pois, ao saber quem somos, podemos mudar o que for preciso para a nossa evolução.

A nova vida possibilitará as mudanças necessárias para o desenvolvimento espiritual e o encontro da paz e da felicidade almejadas.

Quando uma criança reencarna, espera encontrar em seus pais o acolhimento e o amor, mesmo sabendo inconscientemente que não terá uma família perfeita. Porém, por meio desses desafios familiares, teremos o **ambiente propício** para o aprendizado e a libertação dos erros do passado.

Na obra intitulada "O livro de ouro de Saint Germain", do Grupo Esotérico Ponte para a Liberdade, o Mestre Saint Germain nos diz:

Sabemos, do ponto de vista científico, que as células do corpo são renovadas em menos de um ano, mas se a discórdia pudesse ser evitada por igual tempo, a mente e a forma expressariam juventude eterna e perfeição.

Por um sentimento de pretenso orgulho ou algo semelhante, **os humanos não querem encarar a verdade de que a causa está dentro deles mesmos.** O hábito de culpardes sempre os outros por aquilo que vos acontece, é que vos torna cegos à verdade e impede a autocorreção.

Uma ilustração maravilhosa está na bela forma infantil. Enquanto a criança não tem idade bastante para começar a registrar a discórdia do ambiente, seu corpo é belo e expressa perfeição. Essa perfeição da forma seria sempre **mantida se não**

**penetrasse na consciência da criança a discórdia do mundo exterior.** Haverá quem diga: E as crianças que nascem doentias e perturbadas? Na maioria dos casos trata-se de condição trazida da encarnação precedente. Em casos raros, **onde há intensa discórdia entre os pais, pode esta ser tão violenta a ponto de se registrar na criança**; mas como notareis em fato dessa natureza, quando a criança começa a crescer e a desenvolver-se, os indícios dessa perturbação mostrar-se-ão cada vez mais raros. É esta a prova absoluta de que a discórdia não era de sua própria criação, mas imposta pelos pais, visto que a alma teve força bastante para elevar-se acima dela (2015, p. 179).

O espírito reencarnante, num corpo infantil, pequeno e frágil, poderá vivenciar muitas dificuldades durante seu desenvolvimento gestacional e até mesmo na infância. Dependerá da sua força e da sua personalidade congênita superá-las.

O distanciamento das discórdias de seus pais, possível causa de enfermidades e dificuldades do ser encarnante, e a busca pela união da família podem curar a criança, como prova de que o amor tudo supera.

Para compreendermos melhor as razões das dificuldades apresentadas pelas crianças e das provações que suas famílias precisam passar para superar tudo isso, podemos analisar sob o enfoque reencarnacionista.

Por meio da reencarnação, há ajuste, aprendizado e oportunidade para evoluirmos, e não castigo imposto pelos erros do passado. Quando entendemos isso, caminhamos para o processo de cura das enfermidades e das dificuldades da alma, que se estampam nos corpos físico, energético, emocional, mental e espiritual.

O ser reencarnante já vem pronto para experimentar novos desafios, mas sem se lembrar do que fez e de quem foi. Trará, porém, ecos do passado em seu inconsciente que se reproduzirão através de seus pensamentos, sentimentos, atitudes e palavras, quando em contato com pessoas, ambientes e situações.

De acordo com os ensinamentos do médico, fundador e presidente da Associação Brasileira de Psicoterapia Reencarnacionista (ABPR), Mauro Kwitko, em sua obra A Terapia da Reforma Íntima:

> Com a Reencarnação, **a infância deixa de ser considerada o início da vida** e passa a ser vista como a continuação de nossa vida eterna; **a nossa família não é mais um conjunto de pessoas que se uniram ao acaso por laços afetivos e, sim, um agrupamento de espíritos unidos por laços kármicos**; as situações que vamos encontrando no decorrer da vida não são aleatórias e, sim, **reflexos, consequências, decorrências de nossos atos passados,** necessidades para nosso projeto evolutivo espiritual.
>
> Considerando que todos nós somos espíritos com graus diversos de evolução e intenção, uns inseridos dentro de um corpo físico, outros libertos desse arcabouço, passamos a perceber que

ao nosso redor existem milhões de seres invisíveis com a capacidade de nos afetar, benéfica ou negativamente. E como afirmava o Dr. Bezerra de Menezes em seu livro "A Loucura Sob Novo Prisma", a maioria dos casos de doenças mentais é causada pela atuação de espíritos desencarnados sobre os doentes. (2012)

## Marcas do passado

A reencarnação é uma continuação, reavivando antigas relações pessoais difíceis e conturbadas e, ainda, relações amorosas e agradáveis. Todos são atraídos por afinidade, nada é ao acaso. **Quanto mais difíceis as relações humanas, mais necessidade de mudanças internas.**

Como a vida é uma continuidade, podemos reencontrar desafetos do passado. Podemos não recordar, mas sentimos sua vibração. Por vezes, tais desafetos encontram-se no plano extrafísico e influenciam telepaticamente uma pessoa encarnada, causando delírio, angústia, revolta, raiva, entre outras situações.

Diante de todo esse quadro de possibilidades, vislumbram-se uma engenharia e uma medicina inteligentes e desconhecidas para nós, seres humanos encarnados. Resultado de quem somos atualmente, espíritos com bagagem de vidas passadas, teremos o pai, a mãe, a família e todas as condições necessárias para o aprendizado e o desenvolvimento da consciência como espírito reencarnante num corpo físico, num mundo denso.

Os relacionamentos entre pais e filhos são estreitos, influenciando a herança genética e a aparência física. No entanto, a personalidade, os dons e as inferioridades, aprendidos e trazidos de outras existências, fazem com que pais e filhos sejam atraídos por afinidades.

**Um filho não se parece** com o pai ou com a mãe, em personalidade, como uma obra moldável, seja no aspecto positivo ou negativo. **Eles são afins e se atraíram** para uma jornada em comum de aprendizado e de resgate mútuos.

O espírito candidato à nova experiência reencarnatória, antes de voltar para o plano terreno, passa por uma fase preparatória de análise e autoanálise, com estudos sobre a nova vida, sessões de telão das ações de vidas passadas. Assistirá tudo o que fez ou deixou de fazer em outras vidas para se tornar conhecedor da sua **herança espiritual**.

Como vimos, cada um recebe de acordo com as necessidades da própria evolução. Cada um leva para a outra vida e traz, ao nascer, a semente do passado. Lembrando que os laços de família não são destruídos pelo desencarne ou pela reencarnação.

Os reencontros, tanto agradáveis quanto desagradáveis, serão inevitáveis para a composição, a evolução, o aprendizado, os reajustes e as reparações.

Quando os espíritos estão prontos para vir ao plano físico novamente, os pais terrenos, mesmo inconscientes momentaneamente do compromisso assumido, se encontrarão.

**A reencarnação é um fenômeno que não ocorre ao acaso, ao contrário, é cuidadosamente planejada.** Podemos dizer que existem "obstetras" no mundo espiritual que preparam o processo reencarnatório.

O *momentum* físico da reencarnação ocorre antes da fusão entre o espermatozoide e o óvulo, pois o espírito já precisa estar presente nesse momento.

O encontro é programado, estava escrito. Tudo é previamente planejado, mas dependerá da **aceitação de todos** os envolvidos para que haja a possibilidade da fecundação, gestação e nascimento ou reencarnação.

É possível, entretanto, uma mudança com a desistência do espírito reencarnante, que quer retornar à pátria espiritual, fazendo com que o embrião ou feto não se desenvolva, além de uma rejeição por parte da mãe ou do pai, que poderão interromper a gravidez.

Segundo os ensinamentos do médico idealizador e coordenador da Universidade Internacional de Ciências do Espírito (Uniespírito), Dr. Sergio Felipe de Oliveira:

> Com a fecundação, será necessário que haja afinidade para que o óvulo consiga prosseguir. Pode ocorrer do espírito não querer ficar, pois se vê aprisionado compulsoriamente e queira fugir, ocasionando o aborto. Na inseminação artificial o processo é o mesmo. O gene do embrião só funcionará se o espírito estiver presente. Se o espírito deixar o corpo, cessará o desenvolvimento.
>
> O óvulo fecundado reflete as energias do espírito. Espelha o padrão energético que traduz a **real situação evolutiva** do espírito. Conforme seu adiantamento moral e intelectual, expressará uma determinada frequência de ondas em suas vibrações, que se refletirão nas energias que o óvulo irradiará envolvido por esta influência e, consequentemente, sentidos pela mãe.
>
> Portanto, o espírito traz em si vibrações emocionais, mentais e compromissos com o passado que poderão afetar a gestação, o nascimento e a sua manifestação no plano material, com sequelas no corpo físico, emocional, mental e/ou espiritual.
>
> Podemos citar um exemplo disso narrado por uma mulher que não tinha o hábito de ingerir bebida alcoólica e, quando engravidou, foi surpreendida com a súbita vontade de beber, o que perdurou até o final da gestação.

**O momento da gestação é aquele em que a mãe está sob forte influência de outro espírito** e poderá viver quase uma bipolaridade durante esse período.

É a verdadeira incorporação espiritual, em que a mãe vive num mesmo corpo com dois espíritos. Uma experiência extraordinária, em que poderão ocorrer vontades, pensamentos e sentimentos estranhos a ela, tanto bons quanto ruins, agradáveis ou desagradáveis.

A partir da concepção, com o espírito reencarnante ao lado da mãe, começa a ocorrer no corpo da mulher o milagre diário de crescimento e formação do corpo físico.

Para a transição do espírito, do plano sutil para o corpo denso, no plano tridimensional físico, a natureza divina e a obstetrícia cósmica são tão sábias e perfeitas que utilizam uma etapa intermediária no que diz respeito à força gravitacional. O bebê fica mergulhado no líquido amniótico, que possibilita o seu desenvolvimento e a adequação entre a força gravitacional sutil do mundo espiritual e a densidade do mundo físico terreno.

A gestação é um momento importante para o futuro ser reencarnante, que descerá para o plano físico, pois sofrerá todas as influências do ambiente com o qual a mãe, o pai e os familiares vivem. **Tudo será assimilado pelo feto em**

**desenvolvimento.** Esse conjunto de fatores influenciará profundamente a nova vida.

Se o espírito encontrar um ambiente de rejeição, brigas e problemas constantes, a gestação será afetada e poderá desencadear um parto difícil. Assim, a criança pode nascer com sequelas refletidas como dificuldades, problemas, síndromes, transtornos, doenças, dores, etc. Tudo isso como resultado da bagagem que o espírito traz consigo ao reencarnar e do ambiente que encontrará quando chegar. É como se houvesse uma mistura dos fatos do passado com os do presente que resulta naquele ser.

Além do que, o espírito reencarnante já traz características como: **personalidade congênita** (quem ele é há muito tempo), uma **memória inconsciente** de pessoas (pai, mãe, irmãos, que podem ter sido amigos ou desafetos e agora estão com outros papéis), **vivência de fatos** ou situações de vidas passadas boas e traumáticas.

Contudo, não se lembrará de nada do que houve, mas terá sensações e impressões a respeito de fatos e de pessoas com as quais convive ou se reencontrará.

O esquecimento é providencial para que o espírito possa se reconciliar com as pessoas com as quais se desentendeu em outras vidas. Assim, tem a **possibilidade** de refazer ou concluir aquilo que não conseguiu anteriormente.

**Trabalhar o perdão, as mágoas, a raiva, a tristeza, o egoísmo,** a crueldade, a rebeldia, a sua moralidade. Todas estas e muitas outras inferioridades serão trazidas como ingredientes fortes na vida da família, e que, se forem superadas, resultará no aproveitamento da encarnação, na manifestação das virtudes latentes e na felicidade.

Algumas questões são importantes para entender o bebê ou o desenvolvimento da criança: ela teve uma história anterior e retorna para dar continuidade às existências passadas, tem o **esquecimento** de quem foi, de como e com quem viveu e renasce para uma nova vida.

É importante lembrar que o espírito reencarnante bebeu das águas do esquecimento do passado, e uma nova oportunidade está sendo dada para que ele recomece. A notícia da gravidez, a gestação, o nascimento e a educação da criança serão muito relevantes para que a nova existência seja proveitosa.

**A relação da mãe com o futuro filho é importantíssima para que ele nasça melhor do que quando saiu da última vida. A mãe sente seu filho já no momento que se descobre grávida, mesmo sem entender as emoções e os pensamentos que a envolvem.**

Esse espírito que retorna pode ter sido seu pai, sua mãe, algum antepassado, amigo espiritual ou desafeto da mãe ou do pai, para concluir aquilo que não foi possível ou que deixaram para trás. Pode ocorrer uma simpatia ou antipatia provocada pela criança, a mãe ou o pai podem "rejeitá-la" mesmo sem saber o porquê. Ou ainda a própria criança pode não aceitar bem o pai, a mãe ou qualquer outro familiar, sem saber ao certo a verdadeira razão dos seus sentimentos.

Portanto, os sentimentos e pensamentos gerados pelos membros da família afetarão a criança, mas **a mãe terá a mais importante missão, que é trazê-la a este mundo.**

Leonardo da Vinci, famoso multitalentos renascentista, disse:

As coisas que a mãe deseja imprimem-se às vezes sobre a criança desde o momento que ela a deseja. Todo querer, desejo supremo, medo da mãe ou toda dor do seu espírito podem atingir poderosamente a criança, às vezes até matando-a.

É incrível como a reação dos pais pode mudar o destino daquele ser reencarnante. Ele pode até mesmo, ainda como embrião, desistir de reencarnar e ir embora, deixando para trás uma massa corporal e o consequente aborto.

Há situações conhecidas que podem influenciar e alterar o destino daquele espírito, como: a rejeição da mãe, do pai ou da família, o ambiente familiar hostil, pesado e as condições propostas para a nova vida.

Tais situações poderão até mesmo alterar a gestação, interrompendo-a, acelerando-a ou trazendo dificuldades para a mãe e para o bebê que vai nascer.

O espírito que reencarna traz em sua bagagem todas essas marcas de rejeição, abandono e conflitos intensos. No entanto, ao se deparar com todo esse cenário novamente, pode querer desistir e voltar para o mundo espiritual ou nascer com sequelas graves.

As consequências de tais situações, no mundo físico, podem **resultar** em gravidez nas trompas, cordão umbilical enrolado no pescoço do bebê (quer cessar a vida, pois sabe como será difícil), parto prematuro (ansiedade do bebê), fórceps (não quer nascer), demora pra nascer, nasce doente, às vezes a criança nasce com problemas nos olhos, por não querer ver as situações e, as pessoas daquela nova vida, ou ainda, com problemas auditivos por não querer ouvir as circunstâncias que envolvem o pai ou a mãe.

**Muitos bebês ainda adquirem** a doença no útero materno em decorrência de ressonância com o passado provocado pelos gatilhos de situações ocorridas na família. Na gravidez, podem ocorrer muitas situações ruins, que acabam contribuindo para as enfermidades da criança, pois ela pode sentir no ambiente familiar a presença de desafetos do passado e sabe que não será fácil a sua estadia na nova vida.

**Outros trazem doenças devido ao seu comprometimento com o passado,** com desajustes sérios, pois estão ligados há muitos problemas gerados por ele. E existem ainda os que nascem e carregam alguma dificuldade física, emocional ou mental como uma missão de paz, para reunir sua família, possibilitando o entendimento, a união e o amor.

O espírito reencarnante precisa ser bem recebido, pois o planejamento foi feito. Ou seja, a rejeição e as dificuldades podem mudar a maneira como ele irá encarar a vida. É necessário, por parte dos pais, entender porque foram escolhidos e aceitaram aquele filho ou filha.

O filho ou espírito reencarnante que virá também escolheu e aceitou aquele pai, aquela mãe ou aquela família. Portanto, conhece previamente o que irá passar, sem, contudo, lembrar-se disso. Alguns não terão opção de escolha e precisarão dos pais e da família ou daqueles com os quais terá de conviver, caso sejam abandonados.

Para reforçar o argumento entre a importância da ligação entre pais e filhos, cito Rüdiger Dahlke e Vera Kaesemann, que nos ensinam em seu livro "A doença como linguagem da alma na criança" (2014, p. 47):

As crianças podem ter problemas psíquicos ou psicossomáticos? Esta é uma pergunta que se faz com frequência. Elas ainda não podem ter desenvolvidos as condições para tanto. Por que, então, há tantas doenças? Há muitas respostas para essas perguntas. As crianças não são absolutamente folhas em branco, no sentido de pequenos anjos inocentes. A maioria das pessoas e suas religiões partem do princípio de que a alma sempre retorna até alcançar a perfeição. Mesmo o Cristianismo conheceu esse pensamento, até ele ser banido no século VI, sob o Imperador Justiniano, no segundo Concílio de Constantinopla (553). Todavia, ainda encontramos na Bíblia antigos vestígios dele, por exemplo, quando os discípulos de Cristo perguntam se ele era Elias que havia retornado e ele responde que não, que este era São João Batista. Na comunidade cristã antroposófica, a ideia da reencarnação vive até hoje de maneira bastante tranquila sob o teto do cristianismo.

Mesmo os médicos de hoje partem do princípio de que a criança é fortemente marcada pelo patrimônio genético dos pais. Além disso, a pesquisa moderna nos mostra que as circunstâncias precoces de vida intrauterina têm uma influência importante, bem como a amamentação. Filhos de mãe que se alimentaram mal ou fumaram durante a gravidez permanecem marcados pela vida toda, e o efeito pode ser – cientificamente – comprovado até mesmo em seus filhos. Portanto, a influência do corpo da mãe alcança a geração dos netos.

Como é importante a gestação, o nascimento e a criação de um filho. A educação, o amor e o carinho devem começar desde a concepção, pois o espírito já está ali recebendo as influências de seus pais. A mãe ou o pai devem **conversar** com o feto na barriga da gestante.

Muitas vezes o bebê nasce prematuro e com muitas dificuldades, conversar e dizer a ele como é importante o ajudarão no seu crescimento e na sua evolução.

Dizer ao bebê como ele é amado e esperado. Pedir para o bebê responder e para ele nascer bem. Quando ele chegar, receba-o com amor e com um sorriso.

Conversar com bebês e esperar que eles respondam é algo extraordinário. O médico e psicoterapeuta Ribamar Tourinho nos ensina e incentiva a prática. Conforme ele:

O importante, o fundamental, é mostrar que os bebês estão entendendo tudo que acontece ao seu redor e exatamente porque eles entendem, eles respondem, pois, no mínimo, eles estão sendo influenciados por mim, por quem ou por qualquer som que esteja ao seu redor, positiva ou negativamente. Portanto, **vamos mudar a forma de como agir com as crianças, de zero a vinte e um anos, dizendo que eles não têm jeito, que são feios, incompetentes ou burros, porque tudo fica registrado em suas mentes**. O importante é que toda a humanidade saiba disso. Programando os nossos filhos e as crianças, de forma positiva, altruísta, seguras de si, pois se programando negativamente dá certo, por que positivamente não dá? Assim teremos uma sociedade mais equilibrada, sem medos e, portanto, sem violência. (2011)

> **Programar uma criança, cercando-a de muito amor, enquanto no ventre materno, pode ser uma experiência maravilhosa.**

A falta de amor e de estímulos positivos, além da existência de palavras negativas, acarretam danos em qualquer pessoa e, principalmente, no bebê que é um ser frágil fisicamente. Mesmo com toda bagagem que carrega, é moldável e está reiniciando uma nova jornada, uma nova oportunidade.

**Amar o bebê** desde a barriga é transformá-lo em um ser melhor. Para que o cérebro intrauterino se desenvolva é necessário amor. A **aceitação** do novo membro da família faz parte da missão de cada um, afinal os pais concordaram em caminhar juntos.

Todos que reencarnam esquecem quem foram e dependem de quem os recebe para que se tornem melhores, e só através do amor será possível. É fundamental receber os novos membros da família e despertar neles as superioridades e não as inferioridades adormecidas.

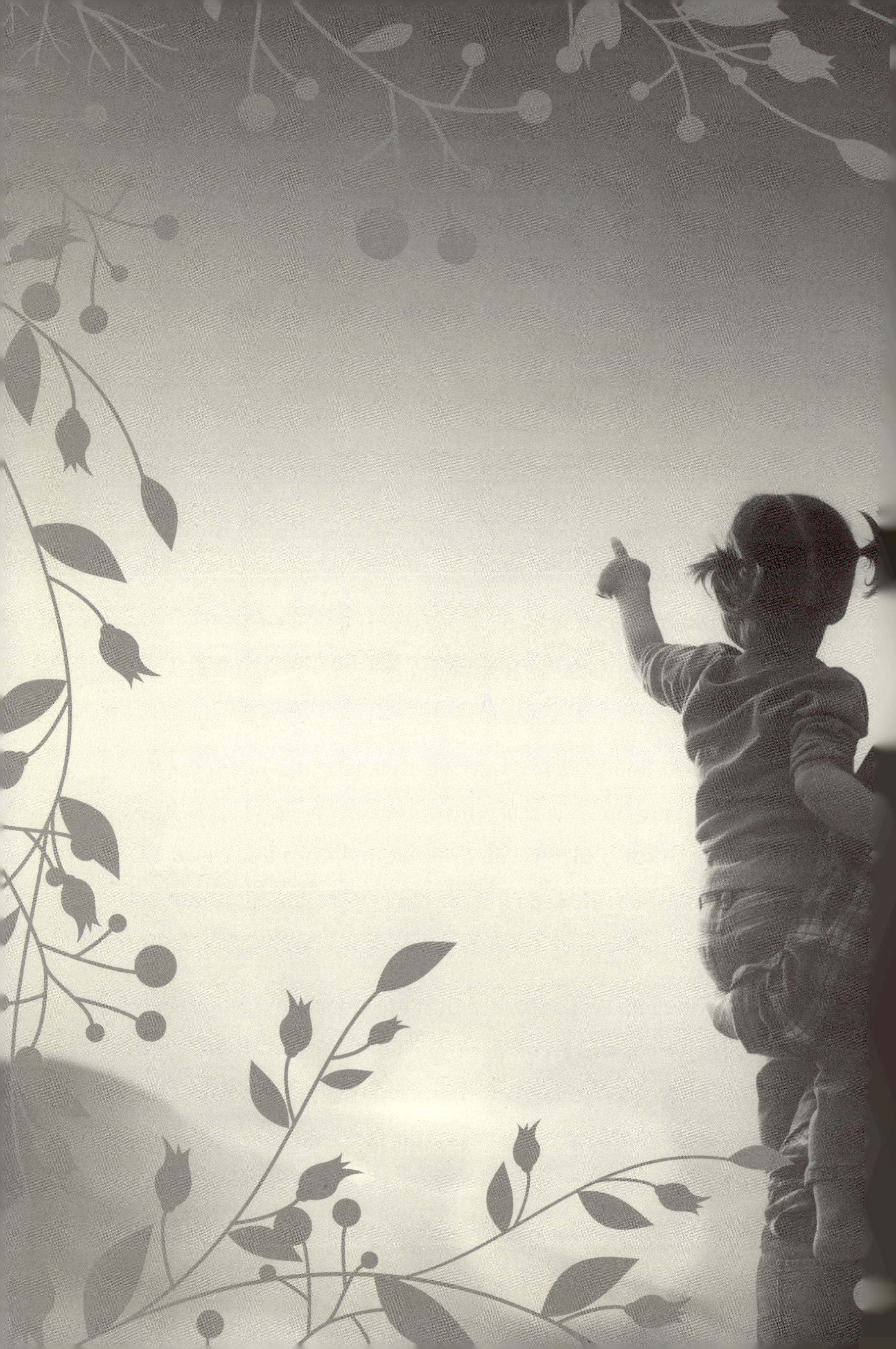

# Capítulo 3
## A criança e a família

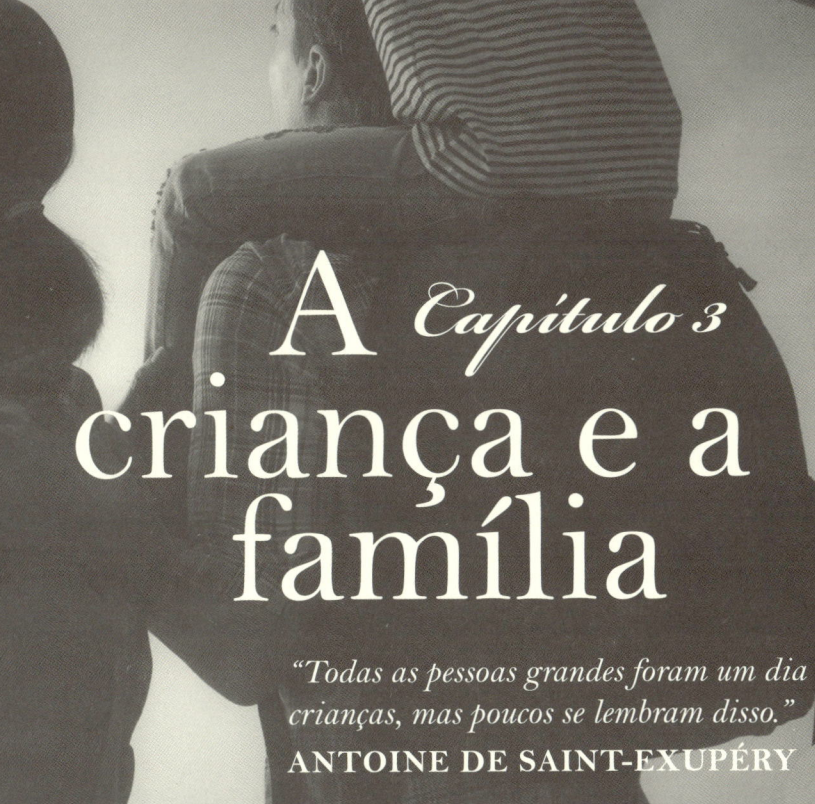

*"Todas as pessoas grandes foram um dia crianças, mas poucos se lembram disso."*
**ANTOINE DE SAINT-EXUPÉRY**

**A família é a base fundamental na vida de uma criança,** a sua maior referência, pois é o primeiro contato do indivíduo com ele mesmo, com a natureza e com a comunidade. A vida familiar reflete no modo como a criança se relaciona com as outras pessoas, as reações diante das situações e o seu comportamento diante do mundo.

Os pais influenciam fortemente nas atitudes e nos comportamentos dos filhos. Embora tragam de vidas passadas, personalidade congênita própria, múltiplas experiências que poderão se agravar ou amenizar diante do que encontrar, muitas crianças repetem os comportamentos e padrões físicos, emocionais e mentais dos pais ou responsáveis.

A forma física delas é apenas a **casca**, a vestimenta utilizada para a manifestação do espírito. Uma criança muitas vezes se revela madura demais para a sua idade, agressiva sem razão aparente, quieta demais, magoável, orgulhosa, cruel, indecisa, medrosa, ciumenta, invejosa, maldosa, entre tantas outras inferioridades. Como também pode revelar suas virtudes com dons, vocações e talentos, trazidos ao nascer: pintar, desenhar, cantar, sem nunca ter sido "ensinada". Tudo pode ser despertado dependendo dos gatilhos e dos estímulos que ela receber.

A **individualidade** de cada ser possibilita o desenvolvimento psíquico e da alma, onde ocorrem as percepções e o sofrimento com as experiências vividas e os dramas internos.

A bagagem trazida de vidas passadas surgirá na vida presente, experiência que podem ser boas ou ruins, conforme o desenvolvimento vivido e o que for estimulado, na infância e na adolescência.

## A teoria dos setênios

O desenvolvimento do ser humano foi estudado pelo filósofo, cientista e educador Rudolf Steiner, fundador da Antroposofia e da Pedagogia Waldorf, que nos ensina a respeito dos setênios. Segundo ele, o ser humano possui fases de desenvolvimento de sete em sete anos.

O trabalho "A Teoria dos Setênios – Os Ciclos da Vida"[1], desenvolvida por José Roberto Marques, foi publicada na Biblioteca Virtual da Antroposofia em 2016.

A Antroposofia é uma linha de pensamento que estabelece uma espécie de "pedagogia do viver", pois abrange vários setores da vida humana como a saúde, a educação, a agronomia e outros.

Ela compreende que o ser humano tem de conhecer a si para também conhecer o Universo, pois somos todos parte e participantes desse mundo. Conforme Steiner, a Antroposofia

---

[1] Disponível em: <http://www.antroposofy.com.br/forum/a-teoria-dos-setenios-os-ciclos-da-vida/>.

é "um caminho de conhecimento que deseja levar o espiritual da entidade humana para o espiritual do universo".

Dentro desse pensamento filosófico encontra-se uma forma cíclica de ver a vida chamada "teoria dos setênios". Tal teoria foi elaborada a partir da observação dos ritmos da natureza, da natureza no sentido da vida, na qual todos nós estamos imersos. Ela divide a vida em fases de sete anos, vale lembrar que o número sete é um número místico dotado de muito poder em quase todas as culturas conhecidas.

A teoria dos setênios nos ajuda a compreender a condição cíclica da vida, em que a cada ciclo soma-se os conhecimentos adquiridos no anterior e busca-se um novo desafio.

## 0 a 7 anos – O ninho: interação entre o individual (adormecido) e o hereditário

A primeira infância é uma fase de individuação, de construção do nosso corpo, já separado do da nossa mãe, da nossa mente e da nossa personalidade.

Nesse ciclo nossos órgãos físicos estão sendo formados para que sejamos indivíduos únicos. O crescimento está ligado à nossa cabeça, ao ponto mais alto, o superior, o pensar.

O primeiro setênio deve oportunizar o movimento livre, a corrida, as brincadeiras, deve permitir que a criança teste e conheça seu corpo, seus limites e suas percepções de mundo. Por isso o espaço físico é muito importante, bem como o espaço do pensar e o do viver espiritual.

## 7 a 14 anos – Sentido de si, autoridade do outro

O segundo setênio promove um profundo despertar do sentimento próprio. A energia que emanava do polo superior, da cabeça, se dilui e se encontra no meio do corpo. Os órgãos desse setênio são o coração e os pulmões, esses se desenvolvem promovendo a interiorização e exteriorização da vivência.

É nesse ponto que a autoridade dos pais e professores assume um papel importante, pois eles são mediadores do mundo no qual a criança se insere.

Se a autoridade é excessiva, a criança pode ter uma visão pesada e cruel do mundo, se a autoridade e cobrança são muito fluídas e sem ressonância, a criança pode ter uma visão demasiadamente libertária do mundo, não inibindo comportamentos perigosos. O papel do adulto, pais e professores, determinam a imagem de mundo que a criança receberá.

A autoridade é excessiva pode gerar uma maior inspiração do que expiração, desequilibrando o ritmo, e isso pode levar desde a uma timidez no futuro, à introversão, ou quadros somáticos de asma, etc. Quando a autoridade é insuficiente, a expiração maior pode conduzir à extroversão exagerada, que leva a criança a desconhecer seu limite e o do outro, até quadros mais histéricos, de dissolução da identidade.

## 14 a 21 anos – Puberdade/adolescência: Crise de identidade

O que todo adolescente busca? ... liberdade! Eles não querem os pais, irmãos mais velhos nem professores "pegando no pé". O que rege esse ciclo é o sentido de liberdade. No sentido corporal, as forças que se acumulavam nos órgãos centrais se espalham e chegam aos membros e no sistema metabólico.

A postura ereta é uma diferenciação dessa fase para as outras. O corpo já está formado, já aconteceram as primeiras trocas com a sociedade, o corpo já não precisa de tanto espaço para se locomover, o espaço agora adquire outro sentido, o da possibilidade de "ser".

O espaço dessa criança é o mundo, já não pode se resumir a família nem a Escola. Ele precisa se reconhecer e ser reconhecido, aceito, achar a "sua turma" para compor um grupo no qual se identifique.

A liberdade nesse ciclo atua como a vivência do "bom" no primeiro ciclo e do "belo" no segundo ciclo. Ocorre que a liberdade só se dá num ambiente de tensão entre as possibilidades, impossibilidades e desejos. Essa tensão costuma gerar rompimentos, as vezes esses rompimentos são violentos, mas são necessários e próprios desse ciclo.

Como vimos, **as crianças e os adolescentes são frutos do meio em que vivem, trazendo a bagagem** das vidas passadas, com dramas e conflitos.

Por isso, precisam da nova composição da família como orientadora para a sua evolução, para se tornarem seres humanos equilibrados e felizes.

**Nos adolescentes**, a revelação da personalidade congênita é mais gritante, pois vêm acrescidas de dúvida, aflição e insegurança diante das mudanças físicas, hormonais, de humor e comportamentais. Ele se desconecta de uma idade mais pura e passa pela transição em direção à fase adulta, cheia de responsabilidades.

É importante mencionar que a família e a criação recebida pela criança resultam em quem se torna como adolescente e adulto. **A família é responsável por tudo o que é ou o que se torna uma pessoa.**

A nova encarnação tem a finalidade de ajustar os problemas do passado e pode alterar os papéis ou rótulos. Por exemplo, as posições ocupadas pelo espírito que chega, pois hoje está como filho, mas já esteve em outra vida como o pai, a mãe, a avó, o avô, os tios ou irmãos daquelas pessoas que o cercam na vida atual.

Na transição da infância para a fase adulta, o adolescente perde a conexão com o sonho e as ilusões e passa para a realidade, para o mundo das decisões. Com isso, muitas mudanças ocorrem e ele busca, muitas vezes, nas drogas e na bebida alcoólica uma reconexão com algo que perdeu ou que não teve.

Tudo isso pode ser diferente se o adolescente viveu uma infância feliz, consequentemente será mais tranquilo, mesmo que tenha uma vida difícil atualmente.

Nesses casos, a regressão terapêutica pode ajudar os adolescentes a encontrarem seus objetivos e sua missão. Em sua maioria, eles são muito receptivos a tudo que os tirem da realidade e, muitas vezes, durante as regressões, se surpreendem ao reconhecerem seus mentores espirituais como velhos amigos.

## A estrutura familiar

O **ambiente familiar** deveria ser repleto de carinho, de amor, de afetividade, de respeito e de educação. Porém, em muitos lares, encontram-se a agressividade, a violência, o desrespeito, a raiva, a rebeldia, o descaso, os abusos, a opressão. Sempre há uma razão para que tudo seja como é, e a convivência familiar atualmente não tem se apresentado fácil, devido à ausência dos pais dentro de casa, deixando os filhos entregues ao **mundo cibernético** e a estranhos.

A maioria dos pais e responsáveis pelas crianças e adolescentes trabalham muito, sua atenção é voltada quase que totalmente para os problemas externos, fora de casa. Várias vezes se esquecem de dar atenção às situações do lar e não conseguem administrar os dramas de seus próprios filhos.

Estão sempre em busca de melhores condições financeiras, continuam estudando para poder ganhar mais e dar mais aos filhos. O tempo vai passando... Quando percebem, as crianças cresceram e os problemas são incontroláveis.

Só param suas atividades no momento de dor, quando a criança ou o adolescente estão sofrendo ao extremo. Já outros pais querem viver uma vida de solteiro, mesmo casados e com filhos, mas isso não é mais possível.

Quando o pai abandona o lar, os casais se separam de maneira tumultuada, as condições financeiras são difíceis, o ambiente familiar é agressivo, muitas pessoas convivem em um ambiente pequeno (cada uma com seus dramas pessoais também), a criança perde suas referências, o que acarreta muitos problemas.

Por sua vez, em outros momentos, os pais excessivamente ocupados, superprotegem as crianças. Para compensar sua ausência, falhas e falta de maturidade, deixam que façam o que quiserem, sem impor limites.

Todos esses fatores não permitem que pais e responsáveis observem as reais necessidades das crianças, nem mesmo que elas despertem seus potenciais.

**Um simples abraço vale mais que um presente caro**, em muitos casos. Entretanto, isso não é captado pelos pais, que fazem uma leitura equivocada das reações agressivas e de rebeldia dos filhos desamparados e doentes. E ainda, muitos pais e responsáveis dão aquilo que tem ou que receberam.

## Uma grande escola de vida

A família é a grande escola de vida para todos, pois é nesse ambiente que encontramos a base para uma vida feliz e estruturada ou as piores lições e aprendizados, que são necessários para a nossa evolução.

Na visão reencarnacionista, como vimos, a família é um conjunto de espíritos reunidos por laços kármicos e a infância é uma continuação da encarnação anterior.

A criança traz em sua memória inconsciente o registro de vidas passadas, o que acaba levando a comportamentos difíceis e doenças sem uma aparente explicação.

Essas lembranças do passado são tão fortes, que a criança pode ficar presa a elas, captando as sintonias e as ressonâncias de traumas vividos. Além disso, pode reencontrar amigos e desafetos do passado encarnados como o pai, a mãe, os irmãos, pais adotivos ou responsáveis por sua criação.

A união, o carinho, a compreensão, a harmonia, a educação, os limites e a solidariedade são os melhores **ingredientes para a saúde, a felicidade e a cura dos males** de qualquer ser vivo, principalmente das crianças. No entanto, há pessoas difíceis de conviver e existe, por partes de todos os envolvidos, a necessidade de se entenderem, de se modificarem e de evoluírem.

As pessoas de uma família são ligadas entre si e podem ser semelhantes em gestos e comportamentos, pois foram atraídas por afinidade e semelhança, para se curarem e aperfeiçoarem.

Para que possamos entender melhor tudo isso, é necessário deixar de lado a **visão do ego/materialista** ou da personalidade com visão limitada, cheia de egoísmo, raiva, mágoas, vingança, rebeldia, entre outras **inferioridades**, e observarmos sob o ponto de vista do espírito/reencarnacionista.

Analisando sob o **entendimento do espírito**, e não no julgamento do ego, é possível compreender o motivo pelo qual:

> **– Pais e filhos não se entendem ou são parceiros;**
>
> **– Pai ou mãe tem preferência ou rejeição por um filho;**
>
> **– Irmãos se odeiam ou são amigos inseparáveis;**
>
> **– Marido e mulher vivem às turras ou possuem uma relação harmoniosa.**
>
> **– Ocorre uma amizade profunda entre duas pessoas da mesma família.**
>
> **– Há relacionamentos amorosos obsessivos e doentios (amor/ódio).**

**A família é um sistema complexo** que permite o desenvolvimento das experiências necessárias para o aprendizado, os ajustes e as conciliações. Quando observado pela **visão reencarnacionista, ou seja, do espírito**, é mais fácil entender as razões da vida de cada um e suas atitudes. Assim, é possível abandonar a visão de vítima das circunstâncias.

Entretanto, para muitos, a família se torna um lugar de revolta. Há um infindável estado de vitimismo acometido pela grande maioria dos encarnados. Porém, é preciso compreender que todas as pessoas de uma família estão ligadas por um laço forte que só se resolverá por intermédio do amor. Se não resolverem, retornarão mais e mais vezes, até que a paz seja concretizada.

É importante lembrar que todos estamos aqui encarnados sob o rótulo das cascas, **estamos** na presente vida e não **somos**: pai, mãe, filho, irmão, marido, mulher, etc. As circunstâncias se invertem na medida em que necessitamos aprender as lições necessárias para a nossa evolução. Um pai pode ter sido filho ou irmão em outra vida. Já estivemos em papéis opostos, e atualmente estamos em posições diferentes, com as mesmas pessoas.

O ideal seria que todos os componentes da família se entendessem, se amassem e formassem um grupo de pessoas unidas e não reunidas por laços obrigatórios. E que cumprissem seus papéis da atual vida, pois muitas vezes vimos a inversão de lugares, filhos mandando nos pais, filhos encontrando nos irmãos seus pais e mães, jovens buscando no traficante a figura do pai, pois a mãe fala mal ou impede o contato do filho com a figura paterna. O resultado disso são conflitos dos mais diversos.

Bert Hellinger, em seu livro "Olhando para a alma das crianças", (2016, p. 19) nos esclarece:

Muitas crianças são oprimidas por destinos e experiências de infância. Principalmente aquelas que vão para orfanatos. Algumas delas perderam os pais e foram entregues a outros, algumas não tinham lugar em casa, seja qual for o motivo. Esses são destinos que oprimem. Umas lidam com isso melhor que outras. Muitas vezes, a dificuldade surge quando olhamos para o que está próximo. A criança olha para sua mãe e para seu pai, os quais ela talvez nem mesmo conheça. Entretanto, ela olha para eles e talvez esteja zangada com eles. Ela sente falta deles, está triste e, às vezes, desesperada. Quando se continua assim nessa ligação – da criança em relação aos pais e dos pais em relação à criança – é estabelecida uma tensão. A criança não consegue olhar para seus pais da forma como são.

As dificuldades existem em todas as famílias e em todas as pessoas. Contudo, elas não são visíveis aos olhos da sociedade, pois muitas pessoas se escondem atrás de rótulos e títulos ilusórios.

## Para conhecer uma família, basta observar suas crianças.

A vida familiar faz com que elas expressem tanto suas qualidades quanto seus defeitos. Uma criança doente, com dor ou malcriada, que não respeita ou grita com os outros, é apenas o reflexo dos responsáveis: pai, mãe, avós, cuidadores, etc. O que acontece naquela família?

**Quando a criança está doente é sinal de que há algo de errado com a família.** Ela pode ser levada ao médico, ao psicólogo, ao centro espírita ou à igreja. Não importa. Ela só vai melhorar se todos os integrantes passarem pelo processo de tratamento.

**A cura de uma criança depende da cura da sua família.**

Os pequenos podem encontrar condições difíceis para receberem uma nova vida, pois são espíritos milenares. Diante de uma nova oportunidade, precisam aprender com suas famílias, assim como suas famílias têm lições com eles.

Por isso, para que a criança se cure é preciso também tratar e curar as dificuldades da família. Entender o propósito desse grupo de pessoas, pois, unidos, pais e filhos se propuseram a viver essa nova oportunidade.

---

**Prestar atenção nas ações e reações dos filhos é essencial para buscar a origem de tantos problemas. Desde bebê, eles sinalizam tendências. Ao menor sinal de que algo está errado, é importante buscar respostas, procurando o médico, para os problemas físicos; o psicólogo, para problemas emocionais; o benzedor para problemas energéticos; os espiritualistas para problemas espirituais; e um psicoterapeuta reencarnacionista para os problemas de vidas passadas.**

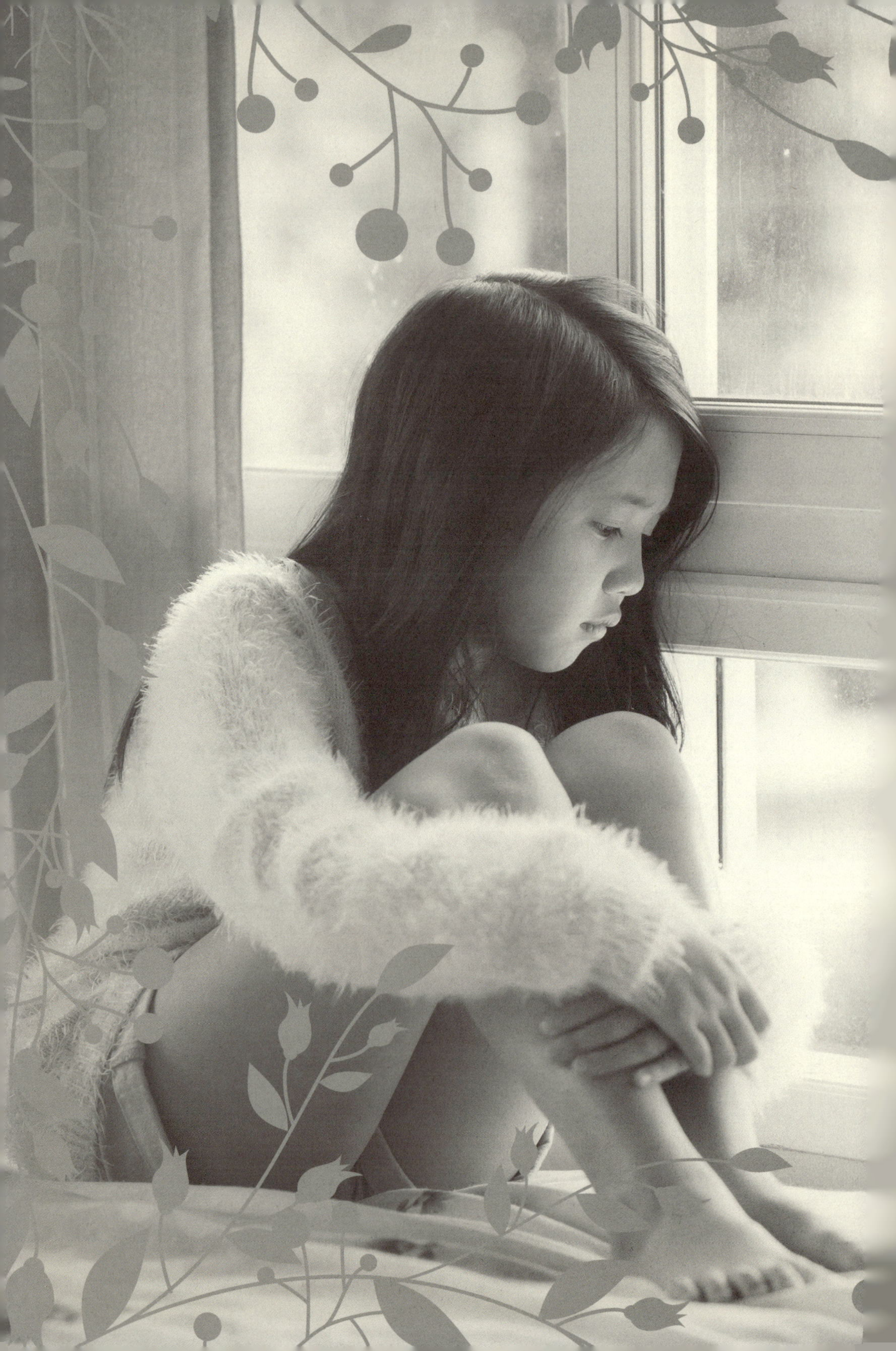

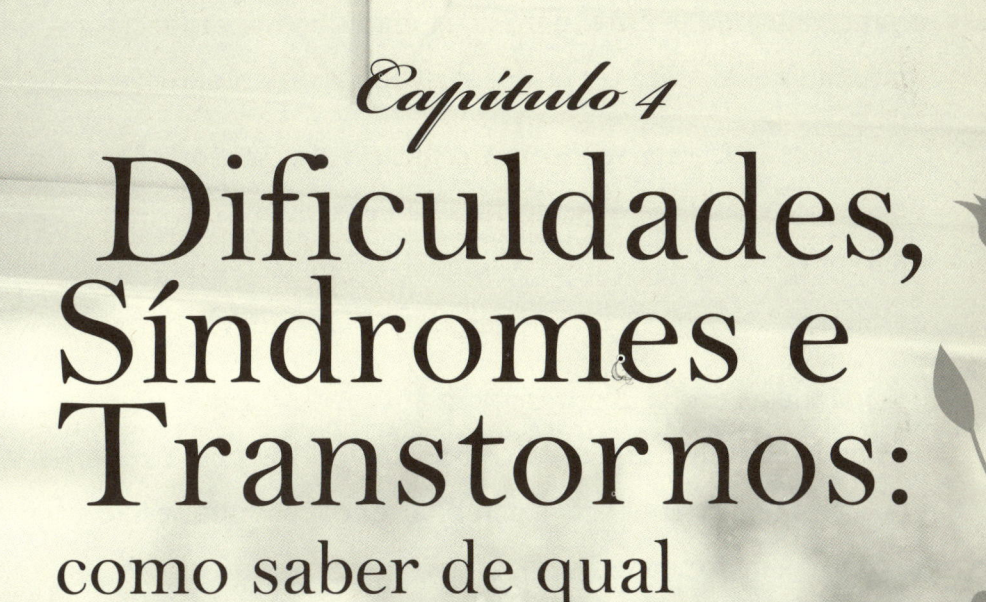

## *Capítulo 4*
# Dificuldades, Síndromes e Transtornos:
## como saber de qual tratamento a criança precisa

*"O que não enfrentamos em nós mesmos, encontraremos como destino."*
**CARL GUSTAV JUNG**

Muitas crianças são hipersensíveis, pois captam sentimentos, pensamentos e interferências espirituais de pessoas que carregam sentimentos e pensamentos ruins, dentro e fora do seu ambiente familiar. Essas crianças são mais inteligentes e necessitam de mais cuidados, educação e carinho, além de muito amor.

Porém, é necessário observar o comportamento dessa criança alterada, e **entender o que ela está captando**, naquele momento, para ter reações estranhas ou dramáticas.

Às vezes, ela está vendo um espírito ruim ou sofredor, pode estar visualizando as formas de pensamentos, sentindo a energia pesada de uma pessoa ou até mesmo captando as vibrações negativas do ambiente.

Quando as crianças apresentam atitudes estranhas e incompatíveis com a idade ou com a "lógica", os pais e responsáveis têm a tendência a acreditar que seus filhos estão com problemas mentais.

O que muitos não sabem é que seu filho pode estar sofrendo perturbações espirituais e energéticos, entretanto é necessário também entender que personalidades vividas no passado podem estar interferindo na personalidade do presente.

Conforme Geazi Amais em seu livro "Apometria e desdobramento múltiplo":

Lei da dissociação da personalidade física (atual) em subpersonalidade: Toda vez que a personalidade física conflitar-se, viciar-se ou entrar em desarmonia, reprimir o conflito, o vício ou a desarmonia em solucioná-los adequadamente, poderá reagir negativamente, proporcionando o desdobramento da personalidade em subpersonalidades de periculosidade e sofisticação variada, podendo causar a desestabilização da saúde por gerar distúrbios e reações patológicas altamente lesivas e prejudiciais no campo psíquico, psicológico, comportamental e físico. (2012)

Para Ian Stevenson, em seu livro "Vinte casos de Regressão":

O caso geralmente principia quando uma criança de 2 a 4 anos de idade põe-se a falar a seus pais ou irmãos, de uma vida que teve em outra época e lugar. A criança sente, no geral, uma considerável atração pelos acontecimentos relacionados a essa vida. (1970)

Uma mãe ou pai mais atento poderá constatar os motivos daquela alteração no comportamento da criança: uma pessoa estranha ou conhecida que é negativa ou que tem muitos problemas, um lugar com energias pesadas que afete a criança ou adolescente fazendo com que reaja de maneira agressiva ou descontrolada gritando e chorando.

As crianças são muito mais sensíveis que os adultos, além de mais frágeis. Assim, ambientes carregados com energias de briga, drogas, promiscuidade e álcool, que desequilibram qualquer pessoa comum, são ainda piores para crianças e adolescentes hipersensíveis. Como vimos, por intermédio de um trabalho integrativo e holístico, que trate a pessoa como um todo, será possível entender e cuidar de tantos desajustes e dificuldades.

Numa abordagem **integrativa**, leva-se em conta também o bem-estar espiritual. Todos nós somos compostos de muitos sentidos, não apenas os cinco físicos, e muitos distúrbios se originam de sentidos não físicos.

Além da sensibilidade e fragilidade da criança e do adolescente, há ainda outro fator importante: registros inimagináveis em seu inconsciente e que refletem na saúde física, emocional, comportamental e mental.

O inconsciente esconde registros secretos até de nós mesmos, e pode trazer respostas e soluções para muitos males da alma humana. São registros que refletem e se manifestam de maneira incompreendida, desde o nascimento até o desencarne de uma pessoa.

São sintomas como o vazio existencial, a sensação de solidão, o desespero, a agressividade, além das perseguições e dos pesadelos. A criança ainda pode ter medo de algo que não consegue descrever, de abandono, de morrer, de perder os pais ou de ser atacado.

Tudo isso pode acontecer como se fosse real para a criança. Pode parecer que ela está sofrendo daquilo que se entende por distúrbios mentais. Muitos adultos passam por isso, em decorrência de uma infância incompreendida.

Na realidade, a manifestação reativa ocorre diante de um gatilho que acontece na vida, podendo ser provocado por uma pessoa que desperta um sentimento ou uma situação que dispara as reações incompreendidas. As pessoas, os ambientes e os acontecimentos são fatores a serem observados e que podem desencadear atitudes "estranhas".

No decorrer destes cinco anos, muitos foram os casos que tratamos. Para seu melhor entendimento, a seguir vamos descrever algumas dessas dificuldades.

## 1. Transtornos

Conforme o médico psiquiatra Dr. Galeno Alvarenga, são condições de sofrimento, anormalidade ou comprometimento de ordem psicológica, mental ou cognitiva. Em geral, um transtorno representa um significativo impacto na vida do paciente, provocando sintomas como desconforto emocional, distúrbio de conduta e enfraquecimento da memória.

Dentre os casos apresentados como transtornos diversos, encontram-se: medos, depressão, pânico, agitação, inquietação, agressividade, ansiedade, automutilação, hiperatividade, déficit de atenção, dislexia, transtorno obsessivo compulsivo.

Outra dificuldade apresentada é a esquizofrenia e o surto psicótico, que surgem após uma situação, fato ou pessoa que dispara um gatilho gerador de medo, pânico, raiva, etc.

## 2. Síndromes

São um conjunto de sinais e sintomas clínicos, resultante de mais de uma causa. Não é uma doença e sim uma condição que recebe o nome de síndrome. Dentre as tratadas pelo grupo tivemos: as síndromes de Down, de Asperger, de Edwards e o Autismo.

O Autismo se desdobra em síndromes, transtornos e distúrbios denominados: Transtorno do Espectro de Autismo, Autismo clássico leve ou alto, Transtorno Invasivo do Desenvolvimento, também conhecido como Autismo Atípico, Transtorno de Rett e Transtorno Desintegrativo da Infância.

## 3. Necessidades especiais

Há inúmeras enfermidades e dificuldades relacionadas às necessidades especiais, seja limitação física (visual, auditiva e motora) ou mental. Tratamos de alguns casos mais kármicos, em que o envolvimento familiar foi e continua sendo muito importante para a convivência e compreensão de todos.

## 4. Doentes

Há doenças congênitas, adquiridas antes do nascimento, ou contraídas, que se manifestam ao longo da infância e da adolescência. Alguns casos são diagnosticados pela medicina e outros em que não se descobrem as causas. Durante os tratamentos, todo o contexto foi analisado, principalmente no âmbito familiar, pois é onde ocorre o grande gatilho para a maioria desses desafios. Além disso, a equipe tratou de doenças manifestadas no corpo físico tanto por causas emocionais ou mentais do passado quanto desenvolvidas na vida atual.

## 5. Personalidade Congênita

Trata-se da personalidade que carregamos vida após vida, que é revelada diante de gatilhos como: acontecimentos (perdas, acidentes, separações, desencarnes de pessoas próximas) e pessoas (pai, mãe, irmãos, desafetos do passado) que surgem no decorrer da vida, desde o nascimento até o desencarne. Como você compreenderá ao longo desta leitura, uma personalidade não se forma desde a infância. As inferioridades se revelam a partir dos fatos e da presença de pessoas. A personalidade congênita não se altera com o desencarne, pois a mudança da "casca" dos rótulos não a modifica. Ela resulta na maneira de pensar, agir e sentir de cada indivíduo.

Entender a nossa personalidade congênita, revelada diante da provocação das pessoas e dos acontecimentos da vida (perdas, acidentes), encarar tudo como gatilhos disparados, observar as reações que surgem e modificar tudo por meio da reforma íntima.

Por isso não somos vítimas, pois as pessoas e as situações são os mestres que nos mostram o que viemos transformar. As crianças revelam os aspectos e as tendências de sua personalidade, desde bebê.

Para saber se uma criança precisa de regressão e como ajudá-la, você pode seguir os seguintes passos:

### 1º Passo – Dificuldade

O primeiro passo é reconhecer a dificuldade da criança, que pode começar com uma atitude de dor ou incômodo, parecendo ser biológico, físico. Neste momento a criança deve ser encaminhada para o médico. Quando uma criança fica doente ou apresenta comportamento estranho o médico é quem deve dar o diagnóstico. Muitas vezes pais ou responsáveis negam um diagnóstico ou não querem ver o comportamento da criança e acham que não precisam de ajuda, acreditam que não passa de frescura ou manha.

## 2º Passo – Espiritual

Uma criança com perturbações espirituais e energéticas será diagnosticada pelo médico como doença física ou psíquica e será medicada. Neste caso deve ser levada, também, para tratamento espiritual, para benzimento, pois muitas causas encontram-se nos corpos sutis da criança. Como exemplo: energias densas dos ambientes, espíritos, magia, perseguidores do passado.

## 3º Passo – Tratamento com a família

Uma criança doente tem uma família doente. É preciso conscientizar a família que necessita de ajuda. Todos devem ser tratados para a saúde e bem-estar da criança. Principalmente, quando pais ou responsáveis são usuários de drogas lícitas ou ilícitas, outros vícios, discutem ou brigam na casa, tem desequilíbrios emocionais intensos, depressão, pânico, ansiedade. Enfim, as crianças copiam os pais ou seus responsáveis, imitam as suas dores, os seus vícios, os seus problemas, querendo salvá-los. Além de sentirem, as crianças captam suas vibrações e energias. Elas são muito sensíveis a tudo o que acontece no ambiente.

## 4º Passo – Cuidadores da criança

Os pais precisam conhecer quem cuida do seu filho, com quem ele passa o dia todo enquanto trabalham. Saber como é a criança na escola. A convivência com os cuidadores pode gerar comportamentos agressivos, medos e doenças. Algumas alergias e problemas respiratórios, por exemplo, podem ser decorrentes deste convívio. A família precisa estar atenta.

## 5º Passo – Psicoterapia e Regressão

Uma criança pode estar em sintonia ou ressonância com situações traumáticas do passado ou como se ainda estivesse lá. Atitudes de adulto, falas e comportamento distantes de uma criança são alguns sinais.

A criança pode relatar quem era naquela época, com quem vivia e com o que trabalhava. Essas memórias de outras vidas muitas vezes não são compreendidas pelos adultos. Em muitos casos, observamos que pai ou mãe foram inimigos da criança em outra existência e estão aqui para se entenderem.

A Psicoterapia Reencarnacionista poderá fazer os pais entenderem as razões de terem escolhido e aceitado aquele espírito, agora criança, para estarem juntos. A regressão fará os desligamentos e a compreensão da missão de cada um.

*Capítulo 5*

# O que é a Psicoterapia Reencarnacionista?

*"A Psicoterapia Reencarnacionista é a mudança de raciocínio."*
**MAURO KWITKO**

Iniciada no ano de 1996, na cidade de Porto Alegre/RS, pelo médico Mauro Kwitko, a Psicoterapia Reencarnacionista (PR) é uma nova Escola de Psicoterapia. **Baseada na reencarnação e nas vidas passadas**, tais conceitos são utilizados no consultório, ampliando a maneira de realizar a psicoterapia.

Com a finalidade de produzir uma mudança gradual da nossa vida, possibilita uma visão mais ampla da nossa infância e da razão dos acontecimentos bons e ruins da nossa existência. A partir disso, é possível corrigir a maneira equivocada com que vemos tudo ao nosso redor, alterando a nossa forma de pensar e de agir. A PR nos convida a realizar uma reforma íntima e, de acordo com o livre-arbítrio de cada um, possibilita um renascimento.

Para compreender a si mesmo e a vida com todos os seus altos e baixos, a crença na reencarnação não é suficiente, mas sim a vivência como reencarnacionista. A reencarnação possibilita entendermos que **somos espíritos eternos e que a vida é uma continuação constante**, com mudanças dos rótulos das cascas.

Esse entendimento traz possibilidades e respostas a muitas indagações e situações: doenças, enfermidades, males físicos, emocionais, mentais e espirituais, condutas, distúrbios, síndromes e transtornos diversos. A inserção da reencarnação na psicoterapia expande a maneira de encarar a vida, a compreensão do ser encarnado espiritual, que é imortal, entendendo o limitado ego humano ou persona da vida atual. A Psicoterapia Reencarnacionista não trata do ego, mas da alma, pois é a **terapia da libertação do ego** e não a terapia do ego.

**Por que está naquela família?**

**Por que está branco ou negro?**

**Por que está brasileiro, inglês, chinês?**

**Por que está numa família espírita, católica, evangélica ou que não acredita em nada?**

**Por que está homem ou mulher?**

**Por que está com problemas físicos, emocionais, mentais?**

**Por que está numa casca e com rótulos provisórios?**

Cada uma dessas situações é perfeita para o aprendizado que cada um necessita para a sua própria evolução. A vida, pela visão reencarnacionista, não começa com a família, com o pai ou a mãe da vida atual. Como aliados ou como inimigos, eles são personagens de vidas passadas que reencarnam juntos, com uma "casca" diferente, para reconciliação ou ajuste.

Por isso, muitas vezes encontramos inimizades entre pais, filhos e irmãos. Muitos não se falam há anos, pois se odeiam e estão atualmente juntos para acertar as diferenças do passado através dos laços de sangue que os unem.

A finalidade da Psicoterapia Reencarnacionista é entender os conflitos existentes nas famílias e **deixar para trás o papel de vítima** para encarar a vida e a sociedade como o caminho para a conscientização e evolução.

Deixar de acusá-los e passar a se responsabilizar por seu próprio destino, entender que as pessoas e as situações são os mestres que precisamos para ver quem realmente somos.

Daí pode surgir uma indagação: **Quem somos nós?**

Para responder essa questão segue a explicação do criador da Psicoterapia Reencarnacionista, o médico Mauro Kwitko, em seu livro "Como aproveitar a sua encarnação":

> Acredito que a visão obscura que muitas pessoas têm sobre esta questão é um dos grandes entraves ao real aproveitamento de nossa passagem pela Terra. A maioria das pessoas acredita, erroneamente, ser o seu Eu encarnado, no seu corpo, a sua "casca", quando, na verdade, essa está apenas servindo de veículo para a sua real identidade, o Espírito, durante uma encarnação. A questão é, então, saber quem realmente somos, e a ilusão dos rótulos das "cascas" é um grande obstáculo na obtenção do sucesso encarnatório.

Somos uma consciência, que anima um Ser, e que constrói um corpo físico para tornar-se visível e viabilizar a nossa passagem por aqui. É como quando vamos ao fundo do mar, colocamos um escafandro, mas não somos o escafandro, estamos dentro dele. O nosso corpo físico é construído para que nosso Espírito possa passar um tempo aqui, e é feito de acordo com a gravidade, pressão atmosférica e temperatura deste planeta. O grande equívoco do Espírito encarnado é esquecer que é um Espírito e acreditar ser o corpo.

Relembrar quem somos para encontrar as respostas e o entendimento da atual encarnação, ajustar as diferenças com os desafetos do passado, cumprir a missão e aproveitar a jornada.

Diante das mudanças equivocadas de nós mesmos e da vida, passamos a mudar a maneira e a forma de ver as pessoas e as situações, mudando as atitudes e a nós mesmos.

> **Por que tenho que passar por isso?**
>
> **O que eu fiz para merecer isso?**
>
> **Por que comigo? Só comigo?**

Ao invés de nos colocarmos na posição de vítima, fazendo esses questionamentos, com a mudança de raciocínio, passamos a reformular as mesmas questões da seguinte maneira:

**Para que preciso disso?
O que eu tenho que aprender com isso?
Por que eu nasci? Qual a minha missão?
Que sentimentos despertaram em mim
e que preciso mudar ou curar?**

A família, as pessoas e as situações da vida vão nos mostrar o que precisamos curar e, ao invés de serem os vilões, serão os nossos mestres e professores.

Quando aprendermos o que eles têm a nos ensinar, não haverá mais mágoas, não ficaremos com raiva, nem nos sentiremos rejeitados ou abandonados.

A partir disso começa uma mudança gradual de visão e da versão dos fatos e dos acontecimentos da própria vida. Ao entender que os sentimentos, pensamentos e reações já estavam dentro de cada um e foram acessados por um estímulo externo, surgem as questões:

**Quantas vezes você nasceu? E continua com
medo, com raiva, se sentindo rejeitado,
triste, abandonado, etc.?
O que veio curar de fato na atual encarnação?**

Para mudar os dramas humanos vividos há vidas e vidas é necessário parar de se sentir vítima. Entenda que ninguém é vítima! Também é preciso curar as feridas do passado por intermédio da convivência familiar, com seus dramas e suas dificuldades. Assim, refazemos um "grande tapete", com possibilidades de desfazer os nós e preencher os "buracos" deixados. É uma grande obra.

A consciência de si mesmo e a reconciliação com a família possibilita o surgimento dos potenciais que ficam adormecidos e cobertos pelas inferioridades. Mudamos as cascas e os rótulos, mas pouco muda na personalidade congênita.

Ao nascer rico ou pobre, bonito ou feio, homem ou mulher, as experiências mudam, mas o ser continua agressivo, dominador, raivoso, triste ou vingativo, igualmente como foi em outras existências. É preciso controlar as inferioridades para despertar as superioridades latentes. É preciso mudar a si mesmo para ser feliz, e não querer mudar os outros.

A Psicoterapia Reencarnacionista traz pilares importantes para o entendimento dessas mudanças:

**– O entendimento da personalidade congênita, ou seja, que é inata, inerente a todo ser humano.**

**– A busca da mudança gradativa de raciocínio, de uma visão exclusiva do ego, limitada e infantil, para uma visão do espírito, madura e adulta.**

**– A compreensão da finalidade e do aproveitamento da sua encarnação.**

**– A libertação dos rótulos das cascas adquiridas.**

A seguir, você vai conhecer cada um desses pilares:

# 1. PERSONALIDADE CONGÊNITA

Uma pessoa traz em suas memórias registros de egos do passado, delineando e identificando traços da personalidade congênita de inúmeras existências.

São mágoas, revolta, submissão, autoritarismo, frieza, raiva, tristeza profunda, traumas, medos, apego e fobias. Tendência carregadas há muitas vidas e que, na atual existência, podem aparecer novamente trazendo enfermidades, dificuldades e muitos problemas.

Para se libertar disso e entender que somos uma repetição fiel de outras vidas, contamos com o auxílio da regressão terapêutica. Por meio dela, recordarmos, nos desligarmos e mudarmos, utilizando o nosso livre-arbítrio. Há muito trabalho a ser feito para uma pessoa deixar para trás sentimentos e emoções arraigados de vidas e vidas, desapegar dos padrões repetitivos, velhas opiniões e velhos inimigos, mas esse é o caminho da evolução.

Quando nos deparamos com crianças brincando, logo percebemos a personalidade congênita de cada uma, pois agem de maneira única: uma se isola e brinca sozinha, outra quer mandar nas outras crianças, outra chora mais, outra é agressiva, outra não larga os pais. Com os gatilhos, elas vão se revelando pouco a pouco.

## 2. VERSÃO-PERSONA PARA VERSÃO-ESPÍRITO

Deixar para trás a ideia de que somos vítimas, entender que a vida não começa na infância, que não formamos a nossa personalidade a partir dos pais e na infância. Todos nós revelamos quem somos a partir dos gatilhos (fatos e pessoas), pois os aspectos da personalidade congênita se manifestam.

Entender que os pais, os avós e todas as pessoas presentes em nossa vida não são os vilões que arruinaram tudo, mas aqueles que nos mostraram e mostram diariamente o que precisamos fazer e o que precisamos mudar em nós.

Transformar a maneira de ver a vida, não como vítima, mas como cocriador de tudo o que aconteceu e acontece, para a nossa evolução.

A mudança é gradual, pois não é fácil se enxergar e constatar que não somos vítimas de nada, nem de ninguém. A transformação ocorre, efetivamente, no momento em que olhamos os "algozes" como mestres e agradecemos por todo o aprendizado que recebemos.

Cada atitude de uma pessoa serve para nos mostrar o que ainda precisamos mudar. Por isso, a mudança é gradual, mas necessária para encontrarmos a felicidade e sermos livres dos sentimentos e pensamentos limitantes.

É necessário parar de se vitimizar, saber que não é preciso perdoar, mas entender.

## 3. APROVEITAR SUA ENCARNAÇÃO

Compreender a finalidade e aproveitar a encarnação para evoluir, se ajustar com as pessoas, reparar os danos causados e cumprir sua missão. O que se observa nos tratamentos realizados é o medo que as pessoas têm de não cumprirem suas missões e retornarem ao plano espiritual, devedoras novamente, como em muitas outras vezes. A culpa é a companheira dos que deixaram de cumprir sua jornada.

A primeira missão de cada pessoa é consigo mesma, fazendo a sua reforma interior e deixando de ser quem sempre foi. A segunda missão é cumprir o que se propôs, na atual encarnação, para se ajustar com os inimigos e desafetos do passado e, em terceiro, ajudar os outros.

O que ocorre? As pessoas querem ajudar as outras para fugirem de si mesmas, deixando para trás a sua reforma interior e esquecem-se de se ajustar com os desafetos. Quando retornam para o plano espiritual, lembra-se que deixaram, de novo, de cumprir a principal missão, que é consigo mesma e com os desafetos do passado. Mais uma encarnação perdida, mas há a possibilidade de voltar e começar tudo de novo.

## 4. LIBERTAR-SE DOS RÓTULOS DAS CASCAS

Entender que estamos e não somos. Estamos mãe, pai, filho, marido, mulher, branco, negro, católico, muçulmano, brasileiro, inglês, árabe, médico, político, advogado, chefe, etc. Isso é passageiro, e todos os papéis foram trocados, o pai hoje pode ter sido o filho na vida anterior e assim por diante. Tudo é ilusório e serve como instrumento para entendermos a grande questão:

## O que viemos *curar*?

Questionar o que estamos fazendo aqui nos ajuda a compreender e a destruir os rótulos das cascas de que necessitamos para curar as inferioridades. Assim, conseguimos nos libertar das amarras do passado, iluminando a nossa aura, equilibrando os nossos chakras e acessando a nossa real essência, como nos ensinam os Grandes Mestres da Humanidade.

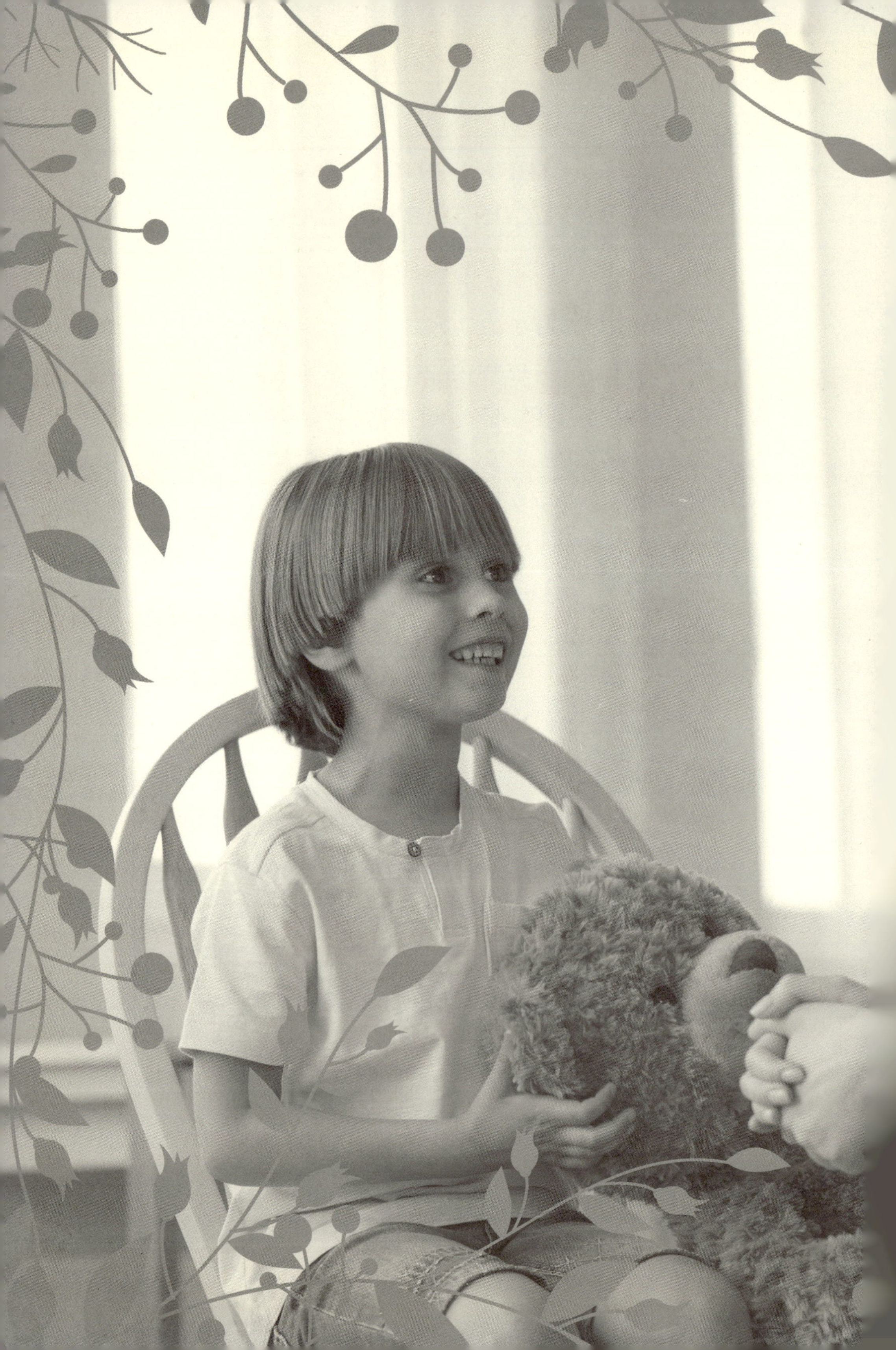

## CAPÍTULO 6
# Como a Regressão Terapêutica
## pode auxiliar a criança em suas dificuldades

*"Todas as nossas ações são como uma oração. O que falamos e fazemos cria a energia que passamos adiante para as pessoas próximas a nós e para o restante do mundo."*

**KAREN BERG**

*A Regressão Terapêutica* é a chave para o entendimento de nossa proposta de reforma íntima e o aproveitamento da atual encarnação.

Através dessas recordações, podemos também entender, se os mentores espirituais nos autorizam, a causa de algumas patologias ou circunstâncias, como, por exemplo, o caso de crianças com dificuldades.

A Regressão à Distância (RAD) pode ser utilizada para o tratamento de crianças com dificuldades. Durante o processo, elas podem ser representadas por um familiar, amigo ou pessoa capacitada, que servirá como intermediária.

Com outra pessoa passando pelo procedimento da regressão à distância, os mentores podem revelar, se isso for ético e permitido, situações do passado para fins de entendimento da origem de doenças congênitas e certos transtornos.

Com isso, muitas questões são esclarecidas e o desligamento do passado poderá promover uma melhora ou até a cura de sintomas de difícil entendimento e solução por outros métodos mais superficiais.

Principal ferramenta da Psicoterapia Reencarnacionista, a Regressão Terapêutica possui duas finalidades importantes:

**1. DESLIGAR** sintonias e ressonâncias do passado, desta ou de outras vidas, por meio de recordações contidas no inconsciente, fazendo com que, dessa maneira, cessem os efeitos produzidos por antigos traumas, como: fobias, transtorno do pânico, depressões profundas, abandono, medos, sensação inexplicável de culpa, tendência ou sensação de solidão, vazio, dores físicas crônicas, como a fibromialgia, por exemplo, entre outros. Com a Regressão, ocorre o desligamento da origem de tais situações, eliminando assim a causa e trazendo grande melhora ou a cura das consequências produzidas.

**2. CONSCIENTIZAR**, do ponto de vista evolutivo, por meio da recordação de como a pessoa era em vidas passadas, sobre o que ela continua a repetir atualmente como um mesmo padrão comportamental (Personalidade Congênita). É um trabalho de autoconhecimento mostrando a sua proposta atual de Reforma Íntima, seja do orgulho, vaidade, crueldade, agressividade, arrogância, irresponsabilidade, culpa, autoboicote, sentir-se mais, sentir-se menos que os outros, vaidade, raiva, autoritarismo, submissão, tendência de isolamento, problemas de relacionamento, vícios, depressão, pânico, culpa, mudança de atitudes e padrões que se repetem, etc.

A partir disso, é possível encontrar respostas para as seguintes perguntas:

> O que a criança está fazendo aqui?
>
> Para que pediu esta vida?
>
> Para que pediu este pai ou mãe?
>
> O que a criança veio aprender?
>
> Por que ela repete o mesmo padrão?
>
> Qual é a sua missão?

Através do tratamento com a Psicoterapia Reencarnacionista, com consultas e sessões de regressão, há uma melhor compreensão do que ocorreu e do que incomoda.

A regressão terapêutica possibilita olhar para o passado com o objetivo de realinhar o presente e fazer um futuro diferente e melhor. Ela pode ser realizada de forma presencial, a própria pessoa deita e passa pelo procedimento, ou ainda à distância, quando se trata de crianças muito pequenas ou pessoas impossibilitadas.

O procedimento consiste numa recordação fiel do passado distante e fará com que se desligue ou entenda os aspectos de si mesmo ou da sua vida. Sobretudo, o tratamento possibilita a compreensão de fatos e situações do passado, desta ou de outras vidas, que frequentemente são causadores de traumas, dores e enfermidades – sentimentos profundos muitas vezes sem razão aparente, mas que produzem efeitos.

Quem conduz a regressão terapêutica é o mentor espiritual da pessoa. Ela necessita ser acompanhada por profissionais habilitados, chamados de **"auxiliares do mundo espiritual"**, que possam conduzir com amor e seriedade o procedimento, não direcionando a recordação, apenas acompanhando o que for relatado nas sessões, sem transgredir ou violar as leis do esquecimento.

A **Psicoterapia Reencarnacionista** e a **regressão terapêutica**, sua ferramenta, auxiliam na evolução espiritual ou na reforma íntima de uma pessoa em tratamento, porém o **livre-arbítrio** continua imperando. Apenas o consultante poderá optar se quer ter a oportunidade de realizar um tratamento nesse sentido e mudar ou se prefere continuar a mesma pessoa que sempre foi.

Conversar sobre reencarnação em um consultório psicoterápico, rever a sua infância sob a ótica reencarnacionista, escolher seu caminho de agora em diante, retificar suas atitudes e posturas, enfim, realinhar-se com seus aspectos divinos, não é tarefa fácil, é um caminho longo. A pessoa, a partir disso, consciente do que viu em seu passado, do que conversa com seu psicoterapeuta, escolherá entre dois caminhos:

**a) continuar a ser como é há muitos séculos,** repetindo os mesmos equívocos e tendo os mesmos resultados, ocasionando um fim parecido com o que teve no passado.

**b) decidir mudar e evoluir** para ser mais feliz, menos autocentrada, menos egocêntrica, mais útil para os outros, para a humanidade e para o planeta.

Com uma tomada profunda de **consciência**, após o conhecimento dos fatos passados, associando sua vida atual a eles, poderá, então, promover as mudanças necessárias, internas e externas, para o cumprimento de suas propostas pré-reencarnatórias.

Assim, poderá despertar para o seu verdadeiro Eu, para o caminho da sua evolução, da sua missão de vida e, portanto, para o real aproveitamento desta atual passagem.

O termo "regressão" significa acessar conteúdo submerso, uma recordação do passado. O passado já está em nós, não precisamos ir até ele, apenas enxergá-lo pela fresta da porta do "baú de registros". Quando aberta, ela pode nos revelar o que os nossos mentores ou Ser Superior entendem que é ético e permitido acessar.

A partir do desligamento, frequentemente ocorrem melhoras significativas e mudanças positivas na vida da pessoa. Abrem-se possibilidades para rever escolhas do passado. Não há certo ou errado, nem bom ou mau, há opções que produzem resultados variados. Ao ficarmos livres do comando dos nossos instintos, podemos nos tornar mais equilibrados e conscientes, fazendo escolhas acertadas para a vida atual e encontrando mais paz, saúde e felicidade.

O comando da Regressão Terapêutica, dentro da Psicoterapia Reencarnacionista, é sempre dos mentores espirituais de cada pessoa.

Não ocorre incorporação ou qualquer manifestação, somente esses seres superiores podem dirigir a recordação, permitindo ou não o acesso a certas vidas passadas, de acordo com o que pode ser lembrado. Não é incentivado o reconhecimento de pessoas para não prejudicar a atual encarnação.

A regressão terapêutica não se vincula a nenhuma religião, pois é um procedimento psicoterápico alinhado à Psicoterapia Reencarnacionista, uma nova escola psicológica.

Alinhada com o respeito à lei do esquecimento, como se fosse o telão do "período entrevidas[1]", ela permite uma recordação ética do passado.

Desse modo, percebermos se viemos ou não aproveitando essas passagens pela Terra para a nossa evolução moral

---

[1] É o período de tempo que o espírito fica entre uma encarnação e outra.

(espiritual). Assim, compreendemos o motivo pelo qual viemos reencarnando nesses últimos séculos e a razão de estarmos nesta vida atualmente.

É uma viagem de autoconhecimento, com a finalidade de aproveitarmos a encarnação e retornarmos para nossa casa verdadeira como vencedores de nós mesmos.

## Importante

Nas crianças com dificuldades, o procedimento à distância foi realizado por uma equipe formada por profissionais habilitados da ABPR, com a autorização dos pais ou responsáveis.

No caso das crianças até 8 anos, a regressão é realizada à distância, feita através de outra pessoa que poderá ser da família. Como resultado, ocorrerá o desligamento de traumas, dores e problemas com os quais essa criança possa estar sintonizada.

Nem todas as pessoas podem passar pela regressão presencial, pois há alguns impedimentos que devem ser mencionados: crianças com menos de 8 anos, mulheres grávidas, cardiopatas, pessoas que tiveram um AVC ou muito idosas.

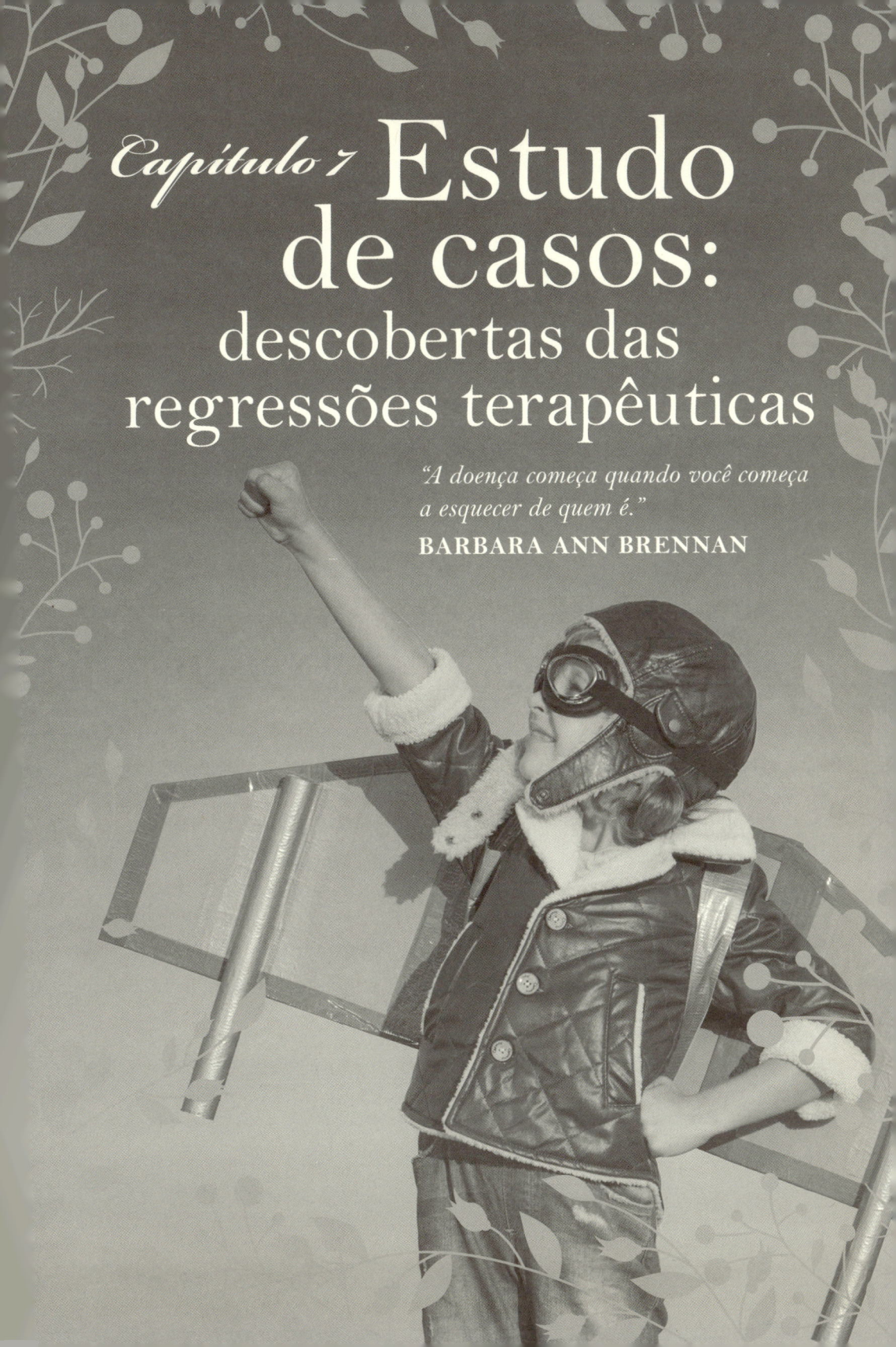

# Capítulo 7
# Estudo de casos: descobertas das regressões terapêuticas

*"A doença começa quando você começa a esquecer de quem é."*
**BARBARA ANN BRENNAN**

**As regressões à distância** que realizamos em crianças com dificuldades, ao longo destes cinco anos, apresentaram resultados interessantes e auxiliaram na melhora de muitas enfermidades.

É importante mencionar que, em todos os casos atendidos, verificamos a necessidade de um aprendizado da criança e da própria família com aquela situação.

Em muitas ocasiões, as enfermidades ou os problemas enfrentados pelas crianças proporcionaram uma verdadeira revolução nas famílias. Diante da dificuldade delas, pessoas que estavam afastadas acabaram se aproximando.

Já outros, infelizmente, que serviriam para o crescimento e a evolução de todos, afastaram-se do grupo familiar. Em alguns casos, houve até a separação dos pais. Ocorreram ainda situações mais tristes, em que as crianças foram abandonadas pela família, por apresentarem alguma dificuldade incurável.

A seguir, você vai conhecer algumas dessas histórias e poderá entender melhor como a regressão à distância ajudou nas dificuldades dos casos tratados.

## 1º CASO - CRIANÇA COM MEDO, TRISTEZA E APEGO

F.M.P., menina com 6 anos de idade.

### Dificuldades

Sentia muito medo de ficar sozinha, era muito insegura e agitada. Tinha dificuldade em ver a mãe sair para trabalhar e não conseguia dormir sozinha. Os pais levaram a menina a todos os lugares, não só a médicos e psicólogos, mas em Centros Espíritas, na Igreja e para benzer. A criança continuou apresentando os mesmos sintomas.

### Durante a gravidez

A mãe ficou assustada quando se descobriu grávida, mas aceitou. Foi uma gravidez tranquila, entretanto o parto foi difícil, pois a criança não queria nascer.

### Vida da criança

Mora com os pais católicos. As dificuldades da criança começaram a ocorrer quando morreu o cachorro da família. Este foi o gatilho inicial. É filha única.

## 1ª Regressão - Narração

O dia está claro, ensolarado, céu limpo e azul, um garoto acompanhado de algumas pessoas andando e carregando algo nas costas. Parece um mercado, uma feira ao ar livre. Muitas pessoas comprando mercadorias e trocando. A temperatura está bem quente e as pessoas usam roupas leves.

Vê cavalos num estábulo e um menino cuidando deles, dando água e comida. Essa pessoa gosta muito de animais, trata-os com carinho, com amor e faz o seu trabalho com dedicação. Aproxima-se um homem para buscar o seu cavalo, ele conversa com o menino que cuida dos animais. O homem dá dinheiro ao garoto, pega o cavalo e sai.

No momento em que o homem monta em seu cavalo e está saindo do estábulo, o cavalo se assusta com alguma coisa, empina, fica só sobre as patas traseiras. O homem fica assustado, no entanto o menino passa a mão no cavalo, fala algo baixinho e o animal começa a se acalmar. O homem, agora mais tranquilo, segue e vai embora.

O menino continua cuidando dos outros cavalos. Porém, lá há um cavalo que o menino tem um carinho especial. O garoto o alimenta, cuida dele, conversa e depois sai para cavalgar, dar uma volta com o animal de quem tanto gosta.

Eles saem do estábulo em direção a uma trilha, caminham e chegam às margens de um rio afastado do vilarejo.

O menino desce do cavalo, o amarra numa árvore. Está tudo tranquilo e ele fica ali observando o lugar. Resolve ir em direção ao rio e caminha até a beira da margem olhando as águas, vê peixes, fica por ali por alguns momentos.

Sente-se relaxado. Resolve voltar, desamarra o cavalo, monta nele e o animal roda no mesmo lugar. No chão há muitas pedras e o cavalo precisar caminhar devagar. Resolve descer do cavalo, segurá-lo pelas rédeas e caminhar na frente, guiando-o.

Continuam a caminhar nessa trilha difícil e sobem um morro até o topo, que possui uma vista muito bonita. Tem uma ampla visão de todo aquele vale. Dali o menino avista, a certa distância, alguns lobos e percebe que eles caminham em sua direção.

O garoto monta no cavalo e se afasta para que os lobos não os alcancem. Embora tentem sair dali apressadamente, sentem dificuldades por causa das pedras, o cavalo não consegue firmar muito bem as patas para poder correr, encontrando dificuldades e acaba escorregando e caindo em cima das pedras. O menino e o cavalo vão para o chão. O garoto não se machuca.

Porém, o cavalo se fere e não consegue se levantar. Com a aproximação dos lobos, o menino fica com medo, e sabe se ficar ali os lobos o atacarão. Ele se afasta e vê os lobos atacando o cavalo, sem poder defendê-lo. Assiste aquela cena e fica traumatizado por não poder ajudar e nem fazer nada por aquele animal de que tanto gostava.

O menino vai embora chorando e muito triste com aquela imagem que não saía de sua cabeça. Sofreu e chorou muito. Voltou para casa sentindo-se desamparado e muito triste. Passou o tempo e o menino continuou a trabalhar no estábulo, com os cavalos, mas não era a mesma alegria e disposição de antes. Ele ficou triste e não tinha mais o carinho de antes da perda do cavalo. Entretanto, continuou trabalhando.

O tempo só aumentava a sua tristeza, não saía mais, só ficava trancado no estábulo trabalhando ou em casa. Tornou-se um garoto fechado, mal se comunicava. Foi perdendo a esperança de viver e de ter uma vida normal.

Numa certa noite, em que não conseguia dormir, pegou uma tocha de fogo e foi dar uma volta sozinho. Acabou fazendo o mesmo caminho que havia feito com o cavalo, no dia do acidente, foi andando com a tocha de fogo que clareava a trilha e chegou ao mesmo lugar onde o cavalo havia sido atacado.

Ficou ali olhando para os ossos, com aquela tristeza muito grande. Voltou a caminhar e foi até o topo do morro, chegando lá resolveu ir em direção a alcateia. Desceu morro abaixo, andou muito sem parar. Chegou a um lugar que parecia um covil de lobos. Olhou para os lados e não viu nada.

Entretanto, quando se voltou para frente, avistou um lobo olhando para ele. Outros lobos foram se aproximando e o cercando. Com a tocha na mão iluminando ao redor, percebeu que estava cercado e não tinha mais saída. Não havia como escapar, seu medo foi aumentando e viu quando os lobos foram se aproximando, ele estava paralisado e se entregou, pois sabia que não tinha mais o que fazer. A tocha caiu no chão.

Foi atacado, agonizou, fechou os olhos e rezou, pedindo a Deus que o ajudasse. Os lobos o atacaram, mordendo-o ferozmente. Ele tentava proteger o rosto, mas não havia o que fazer. Sem muita demora ele faleceu naquele lugar. Foi levado para o plano espiritual, para um ambulatório, recebeu um tratamento que consistia numa luz verde sobre ele. Aproximou-se um homem, para explicar-lhe aquela situação, onde estava e o que estava acontecendo.

O mentor espiritual lhe disse:

*Você não deve se apegar de forma egoísta a pessoas, seres, sentimentos ou objetos. Cada ser humano tem uma história, que precisa ser cumprida, as coisas têm de acontecer não como se quer, mas como é necessário. Tem de seguir o fluxo da vida, mesmo que não seja do seu agrado.*

Após tais instruções o mentor perguntou o que ele havia aprendido com aquele tipo de lição do desapego. O menino respondeu que tudo aquilo fazia sentido, que é muito doloroso quando se tem apego pelas pessoas e animais, mas que era algo que ele ainda não conseguia controlar.

O mentor disse que o menino teria paz para o entendimento de que é necessário controlar esse tipo de sentimento. Que ele pode gostar de qualquer ser vivo sem ter apego para que não seja algo tão doloroso na sua vida.

Quando os tratamentos dele foram encerrados, foi encaminhado para assistir a muitas palestras e aulas. O mentor também o levou para conhecer o lugar e as atividades que faria. Numa das palestras que o menino participou, foi explicado a respeito daquele plano espiritual e, depois, seu mentor conversou com ele a respeito de suas últimas vidas, dizendo que deveria tomar como lição: agir com mais carinho e amor, mas sem ter apego.

Devia ter desprendimento porque o apego é algo que não faz bem, traz sofrimento e faz as pessoas acreditarem que são donas daquilo que amam.

O garoto tinha a missão de colocar em prática o que foi dito, teria que retornar e aprender a desapegar. Ficou bem naquele lugar, praticou diversas atividades como forma de não se apegar a nenhuma, realizou diversos trabalhos.

O mentor informou que a menina (na vida atual) gosta muito de animais, mas sabe também que se apegaria muito se tivesse qualquer bicho de estimação. Ele aconselha que ela tenha contato com animais variados para que não crie nenhum tipo de apego. Pediu calma e paciência com ela, pois não é algo fácil de lidar e mudar nela.

## Personalidade congênita - Comentários

Denota-se que, como menino naquela encarnação, já trazia em sua personalidade congênita a tristeza, a solidão e o apego. Trabalhava sozinho, convivia com os animais, mais do que com os seres humanos. Porém, a brutal morte do seu cavalo disparou nele os gatilhos mais fortes da solidão, da tristeza e do apego. Inconformado com a situação, caiu em uma armadilha e se isolou mais ainda, a ponto de ir ao encontro de sua própria morte, como se fosse um suicídio consciente, pois saiu à noite, sozinho, levando apenas uma tocha de fogo e indo direto ao covil dos lobos.

Deixou de aproveitar a vida ou a encarnação que havia sido proporcionada com o gatilho disparado pela morte do cavalo, acionando nele as inferioridades da tristeza, da solidão e do apego, necessários para lembrá-lo do que deveria curar.

Ao desencarnar foi direto para o plano espiritual e recebeu tratamento, pois embora triste, não possuía uma vibração baixa para ser levado ao umbral. Chegando ao plano espiritual recebeu tratamento com luz verde de cura e foi encaminhado para conversar com o mentor, além de assistir aulas e palestras. Para o tratamento desta encarnação, foram indicados a paciência e a calma com ela, pois terá de enfrentar os gatilhos das perdas. A mãe nos informou, após a regressão, que os sintomas que a criança sentia foram acionados quando o cachorro da família morreu. A partir dessa situação, a menina passou a sentir medo e insegurança, como se não quisesse ficar sozinha.

### Resultado

Na noite em que foi realizada a regressão a menina dormiu às 20 horas e acordou só no dia seguinte, fato incomum para ela. A mãe também informou que a criança mudou muito após a terapia. Atualmente, está mais calma, sem medos aparentes como antes, e não chora mais quando sua mãe sai para trabalhar. Diante do relato da mãe e da melhora da criança, não foi mais realizada nenhuma regressão.

## 2º CASO - CRIANÇA COM MEDO DE MORRER
### D.N.V, menina de 6 anos de idade

### Dificuldade

Medo de morrer. Pedia que os pais trancassem as portas de casa, para que ninguém entrasse e matasse todos enquanto dormiam. Ela relatava que o medo era de serem mortos e esquartejados.

### Durante a gravidez

A mãe rejeitou a criança quando se descobriu grávida. A criança nasceu de 8 meses e desde bebê tinha surtos de choro durante a noite.

### Vida da criança

Os pais foram em busca de auxílio espiritual, mas não houve alteração nas atitudes da menina. É filha única.

### 1ª Regressão

Uma menina e um menino conversam animadamente. Eles falam de sentimentos, de juras de amor, um querendo amar mais que o outro. Prometem tanto um ao outro que resolvem firmar um pacto.

O sentimento que envolve aquele gesto é forte e sente-se a energia forte. O menino é levado pelo calor daquele momento, porém fica receoso do que prometeu. A menina esboça um sorriso maquiavélico. Eles se despedem.

Ela vai embora para a casa e ele fica ali pensativo e com medo. Ele gosta muito dela, mas sabe que se não cumprir o pacto ela não vai mais olhar para ele.

No outro dia, eles se encontram, conversam e iniciam o cumprimento do que prometeram um ao outro. Dirigem-se para uma casa. Entram em busca de algo. Está escuro, é um lugar triste. O menino entra na frente, e ela logo atrás.

Há uma sala com armários, o menino parece conhecer bem o lugar. Vai direto num dos armários, abre a porta devagar e retira de lá um pequeno vidro e o entrega para a menina. Ela fica feliz; ele, com medo.

Ele alerta para que ela tenha cuidado com o que vai fazer com o conteúdo daquele frasco. Porém, a menina ignora o aviso do menino. Despedem-se e cada um vai para a sua casa.

Quando ela chega em casa, vê a mesa posta com pratos e xícaras. Verifica se não há ninguém por perto e coloca o líquido do frasco no bule de chá que está sobre a mesa. Sai dali e logo as pessoas da família sentam-se.

As pessoas começam a servir o chá e a bebê-lo. Conversam e nem percebem o que está acontecendo. O sono toma conta de todos e cada um vai se retirando da mesa e indo em direção aos seus quartos.

O menino preocupado vai até a casa da menina para saber o que ela iria fazer com o veneno contido naquele vidro, entretanto se depara com a situação já consumada. Ele pede para ela não fazer aquilo, mas ela não desiste. O menino fica apavorado.

Eles discutem e, nesse momento, entra uma pessoa na casa e se depara com a situação do envenenamento provocado por ela. A pessoa pergunta o que está acontecendo e começa uma troca de acusações entre eles. No entanto, a menina diz que tudo foi culpa do menino.

O homem busca ajuda para tentar salvar as pessoas envenenadas. O pai, a mãe e as duas irmãs da menina foram envenenados. A mãe foi a única que resistiu e sobreviveu. A cidade ficou chocada com o acontecimento.

Diante de todo esse fato, a investigação teve de ser feita e constatou-se o uso do veneno que tinha sido retirado da farmácia que pertencia ao pai do menino, que foi chamado e preso.

Após o esclarecimento, descobriram que o menino havia entrado na farmácia e retirado o veneno sem conhecimento e autorização do pai. A menina acusou o menino de ter feito tudo sozinho, fato este que o deixou perplexo e revoltado.

O menino, depois das acusações, foi levado para o reformatório. Na casa, havia ficado a menina e sua mãe, que não desconfiava de nada.

A menina estava feliz, pois queria a mãe só para ela. Viveu sem culpa por alguns anos até crescer e ficar moça. A mãe ficou doente e desencarnou. Ela ficou sozinha. Não quis se aproximar de mais ninguém.

O menino, que já se tornara um rapaz, saiu do reformatório. Os anos que havia ficado confinado o encheram de ódio e ele queria vingança contra a menina que havia se tornado uma moça. O único objetivo dele, ao sair daquele lugar, foi ir atrás dela. E foi o que ele fez.

Ao se deparar com aquele rapaz na porta de sua casa, a moça ficou feliz por vê-lo e tentando envolvê-lo novamente, pediu que entrasse. Ela contou tudo o que havia acontecido desde a sua prisão. O ódio dele só aumentava e, sem que ela esperasse, o rapaz pulou em sua direção e agarrou seu pescoço e começou a apertá-lo até ela desmaiar.

Vendo que ela não se mexia mais, se deu por satisfeito e foi embora deixando o corpo da moça estendido no chão.

Ao despertar, a moça estava num lugar sombrio e escuro. Ouvia pessoas gritando, sentiu que pegavam nela, o que fez com que saísse correndo. As pessoas corriam atrás dela, isso a apavorou. Ficou muito tempo naquele lugar, sofrendo perseguições.

A mãe da moça, entretanto, sempre a visitava na esperança dela pedir ajuda, mas ela não queria. Passou-se muito tempo até que um dia ela começou a chorar por estar sozinha, e isso ela não queria.

Foi aí que a mãe apareceu novamente e a resgatou. Ela foi envolvida por uma luz, pediu perdão para a mãe. Naquele momento outros espíritos de luz se aproximaram e a levaram para o hospital.

A energia dela era muito densa, pois havia ficado muito tempo naquele lugar escuro e sombrio.

Recebeu tratamento por muito tempo e visitas diárias da mãe. Foi melhorando e pode sair do quarto. Uma equipe de irmãos foi buscá-la para passear, ela caminhava e encontrava pessoas que havia prejudicado e sentia arrependimento por tudo que havia feito.

O tempo passou e mentalmente pedia perdão para as pessoas que havia prejudicado, até o momento em que se encontrou com o pai. Naquele momento viu em sua mente uma vida passada, na qual ele também foi seu pai.

Nessa existência anterior, ele a havia abandonado, causando uma revolta grande nela. Quando teve oportunidade, a filha jurou vingança. Entretanto, o pai lhe disse que a havia perdoado e que tudo era passado. Naquele momento, era necessário se perdoarem. Ele se foi e ela ficou com a sua consciência pesada, precisaria se perdoar.

Os irmãos de luz a convidaram para participar de palestras e para auxiliar os que estavam chegando, que haviam desencarnado. Ela permaneceu naquele trabalho por um bom tempo, até que entendesse suas escolhas. Pediu então aos mentores que gostaria de reparar os erros cometidos.

Um dos mentores lhe disse que seria necessário um preparo, pois as energias externas seriam muito fortes contra ela. Em razão disso, precisou permanecer mais tempo trabalhando, estudando e desenvolvendo sentimentos de amor.

### Personalidade Congênita – Comentários

A menina na vida atual demonstra medo de morrer e de alguém invadir sua casa e matar a todos. Os mentores pediram que a família passasse por tratamento, seria necessária a união entre eles. Essa menina veio para uni-los e não os afastar. Denota-se que a menina, nesta vida, tem medo de ficar só. Entretanto, pela narrativa da regressão, há outros aspectos e tendências ocultas que podem ou não ser reveladas no decorrer da sua vida atual, dependerá da sua educação e da sua vida familiar. O tratamento dos pais ajudou a entenderem a menina e a auxiliarem em sua vida.

### Resultado

A mãe e o pai relataram que a menina não demonstrou mais medo à noite e que vai dormir sem que precisem ficar com ela. Os pais passaram a se tratar com a psicoterapia e também com regressões.

## 3º CASO - HIPERATIVIDADE

S. B. G. – menino de 6 anos de idade

### Dificuldades

Hiperativo, agitado, afronta figura de autoridade, dificuldade em aceitar "não", agride fisicamente ou com objetos, intolerante, impulsivo.

### Durante a gravidez

O pai, usuário de drogas, prometeu assumir, mas foi embora. A mãe tinha 17 anos e tentou o suicídio, com uso de veneno. O menino nasceu de 9 meses, de parto normal.

### Vida da criança

É filho único e reside com a mãe e a avó, seu pai é ausente e negligente. A criança começou a apresentar problemas com 1 ano de idade, na escola. Ficava agitado, não brincava, se isolava, subestimava os adultos, colocava-se em risco.

Como a mãe e a avó trabalham fora, a criança ficava sob os cuidados de uma moça. A mãe não frequenta nenhuma religião, já a avó é médium de casa espiritualista.

Porém, a moça que cuidava do menino pediu para ir embora, pois não aguentava mais as traquinagens da criança. A diretora da escola não o queria mais por lá, assim como as mães das outras crianças, que não o queriam por perto. Por fim, o rapaz que levava as crianças para a escola, de Van, recusou-se a levá-lo.

## 1ª Regressão

Ele estava num campo de batalha, era um homem jovem, sem piedade, muito agressivo, matava muitas pessoas. Sentia-se vitorioso, ria quando atingia as pessoas, achava que era invencível, até o momento em que foi pego.

Todos os seus amigos foram mortos, menos ele, que foi levado, preso e acorrentado. Mesmo assim, não se deu por vencido, esbraveja e não se arrependeu em nenhum momento. Foi jogado num calabouço, um lugar escuro. O tempo passou e ele sentia frio, fome, mas não se arrependia. Foi perturbado pelos espíritos das pessoas que matou.

Com o tempo, foi perdendo as forças, enlouquecendo, perdendo a noção, mas não a pose de vitorioso. Havia muitos seres espirituais à sua volta, alguns contra e outros a favor dele. Foi enfraquecendo até morrer. No entanto, disse que se vingaria de todos. Depois dessa fase, ele despertou, mas não conseguia se libertar, continuava sendo perturbado pelos espíritos. Não se deu conta que havia desencarnado.

Depois de muito tempo entendeu que algo mudou, percebeu que saiu do calabouço, mas estava com o corpo todo machucado. Sentia-se fraco e perturbado. Alguns irmãos da luz tentavam ajudá-lo, mas ele não aceitava auxílio.

Um dia apareceu uma criança que lhe disse que havia desencarnado por suas mãos, mas que o perdoava e queria ajudá-lo. Naquele momento algo o tocou muito e o rapaz começou a chorar. Pediu perdão e aceitou a ajuda. Ele foi levado para um hospital e permaneceu por muito tempo em recuperação.

Quando já estava melhor, um orientador fez com que ele relembrasse, como em um filme, as suas atitudes, o fim dele naquela vida e do tempo que permaneceu preso. O rapaz então, se ofereceu para voltar e ajudar a todos que havia prejudicado, pois se sentia triste e culpado.

Queria pedir perdão a todos e sentiu um alívio no peito. Foi levado a estudar e foi-lhe dito que precisaria primeiro perdoar para assim pedir o perdão das pessoas.

Quando se sentiu mais forte e estava preparado para retornar, numa outra encarnação, foi avisado que o trabalho seria árduo, que voltaria para resgatar o perdão das pessoas. Teria de fazer a parte dele, perdoar e ser perdoado pelas pessoas, que estariam em outras cascas, se esqueceriam de quem foram e de quem ele foi.

Encarnou com uma necessidade especial em uma vida e desencarnou logo. Desde então, vem resgatando em muitas outras existências pelo perdão daqueles a quem prejudicou.

### Personalidade Congênita – Comentários

Os problemas apresentados pela criança, nesta vida são: hiperatividade, agitação, afronta figura de autoridade, dificuldade em aceitar "não", agressividade, intolerância e impulsividade.

Em sua personalidade congênita, apresentava ser alguém sem limites, agredia fisicamente ou com objetos, segundo relatos de sua mãe. Quando ela lhe perguntava por que agia de forma agressiva e sem limites, o menino dizia que não era ele, mas sim um garoto que o acompanhava (invisível).

Foram realizadas mais duas regressões que demonstraram que o menino tinha a mesma personalidade, além da dificuldade em perdoar e pedir perdão. A mãe e a avó passam por tratamento para ajudá-lo em sua caminhada, mas também para se ajudarem mutuamente. Na época, a criança estava com 6 anos e, nessa faixa etária, ainda é possível recuperá-la, com amor, carinho e compreensão, sem que repita os padrões de vidas passadas.

### Resultados

O menino melhorou bastante com o tratamento e o auxílio da mãe e da avó, que se trataram também. Agora está mais obediente, calmo e passa por tratamento espiritual.

## 4º CASO - AGITAÇÃO

F.M.I.R., menina 5 anos de idade

### Dificuldades

Criança agitada, não aceitava errar, nem receber ordens, não gostava de demonstrar fragilidade.

### Durante a gravidez

Os pais não a rejeitaram quando souberam da gravidez. A mãe passou mal durante toda a gestação. Vomitava todos os dias pela manhã. A criança nasceu de 9 meses sem intercorrência.

### Vida da criança

É a filha do meio, tem um irmão mais velho com 7 anos e uma irmã menor com 2 anos de idade. Os pais da criança se desentendiam e brigavam na frente dela e dos outros irmãos. A mãe tinha dificuldade em demonstrar carinho.

A menina começou a apresentar problema com o nascimento da irmã mais nova e as brigas dos pais. Na escola, é querida, obediente e amorosa com todos. A professora dizia que ela é observadora, diferente das outras crianças. Porém, antes da regressão, tinha pesadelos com um bicho amedrontador.

## 1ª Regressão

Ela era um romano que conduzia uma biga[1], numa disputa com outro homem. Tinha de vencer e matar seu oponente. Era obrigado a isso pelo governador da cidade, que mantinha sua mulher como prisioneira, e o coagia a lutar e vencer. Entretanto, num certo dia, ele se rebelou e perdeu a corrida, a biga virou, ele se machucou. Foi levado para um lugar e uma mulher cuidou dos seus ferimentos.

Enquanto se recuperava, rumores corriam pelo lugar, chegando a ele a notícia de que sua mulher, que foi mantida como prisioneira, havia morrido pelas mãos do governador.

Naquele momento, um sentimento de vingança surgiu dentro dele, mas era preciso pensar em como colocá-la em prática. Quieto e remoendo sua dor, precisava esperar suas feridas físicas e emocionais cicatrizarem e agir na hora certa.

---

[1] Biga foi um carro de duas rodas, puxada por cavalos, de combate utilizado na Antiguidade.

O tempo passou, as feridas físicas se cicatrizaram, mas a raiva e o desejo de vingança só aumentaram. Ele retornou para as corridas planejando sua vingança. Quando se apresentou para voltar a correr, foi informado que teria de matar seu oponente. Resolveu abandonar aquele lugar. Para isso, precisou atacar dois soldados que o acompanhavam, e conseguiu fugir. Pegou um cavalo e foi para uma região longínqua.

Depois de muito cavalgar, chegou num lugar com muitas árvores, porém em ruínas, parecia um vilarejo destruído por uma invasão. Resolveu permanecer naquele lugar e planejar o momento certo para voltar e se vingar, queria matar o governador. Naquele local havia muitas influências ruins que aumentavam sua sede de vingança. Sentia muita raiva, pensamentos ruins habitavam sua mente.

Passados alguns dias, resolveu retornar para a cidade. Preferiu ir à noite para surpreender o governador. Conseguiu atacar alguns soldados, de surpresa. Seguiu em direção à prisão, atacou mais alguns soldados e libertou alguns prisioneiros. Subiu até os aposentos do governador e entrou em seu quarto. Abriu a porta e viu na cama uma mulher.

Ao se aproximar, viu que era a sua amada, por quem matou várias vezes para que não morresse nas mãos daquele homem. Ele ficou surpreso e observou que o governador também estava ali. A raiva o cegou, sentiu-se traído e, diante do descontrole, foi em direção à amada e a matou, sem ao menos ouvir o que ela tinha para lhe dizer.

O governador despertou e, ao vê-lo, começaram a lutar. Conseguiu ferir o governador. No mesmo instante, a fuga dos prisioneiros despertou todos e começou uma confusão pelos arredores do quarto. Soldados circulavam pelos corredores, ele acabou fugindo e retornou para o vilarejo de onde veio.

Permaneceu naquele lugar por muitos dias, sem sossego. Com pensamentos ruins e sentimentos pesados, dormia muito mal. Numa certa noite, ouviu barulho de cavalos bem próximo a ele, entretanto despertou tardiamente e foi capturado. Amarraram seus braços e foi arrastado, preso aos cavalos, de volta para a cidade.

Chegou quase morto e o governador vendo-o daquele jeito, se aproximou e lhe disse: – Da mesma forma e ao mesmo tempo em que você soube que ela havia morrido, ela também soube que você havia morrido.

O governador com um punhal na mão cravou-lhe no peito e o matou. Ao despertar se viu numa caverna escura onde ouvia gritos e vozes jurando vingança. Achou que estava louco, foi se machucando e como um bicho acuado, foi piorando, se encolhendo, até o momento em que estava sem a pele do corpo. Entregou-se. Surgiu uma luz naquele lugar, bem clara e azulada.

Aproximou-se dele e o envolveu. Foi se afastando, não conseguiu resistir e se deixou levar.

Foi levado para o plano espiritual e uma luz violeta muito forte o envolveu. Ficou muito tempo desacordado. O tempo foi passando e um dia ele despertou e percebeu que tinha alguém ao seu lado, aliás, que sempre esteve ao seu lado.

Quando olhou mais firmemente, percebeu que a pessoa ao seu lado era aquela mulher que amava e, que cego de raiva, havia matado em outra vida.

Olhou para ela e chorou, pediu perdão. A moça lhe explicou que tudo fora necessário para a libertação dele e dela, poderia ter ocorrido de outra maneira, porém devido aos sentimentos descontrolados, os rumos foram outros. Ele estava muito abalado e foi levado para outros tratamentos, foi estudar para se preparar e reaprender.

Certo momento, seu mentor lhe disse:

*Filho, tudo na vida é perfeito. Eliminamos pendências antigas. Todo o mal que causou lá, com certeza, na próxima vida será resolvido. Algumas dessas pendências, você poderá levar agora, terá o seu livre-arbítrio, pois certas escolhas não dependem de nós, dependem também de outras pessoas que fizeste mal e que estão do outro lado agora. Sua missão será árdua, porém se seguir firme no seu caminho será satisfatório. Lembre-se: Amor ao próximo, sempre.*

### Personalidade Congênita – Comentários

A queixa da mãe era a seguinte: a menina estava muito agitada, não aceitava errar, nem receber ordens, não gostava de demonstrar fragilidade. Por que não pode errar? Por que não gosta de demonstrar fragilidade?

A característica da sua personalidade congênita acabou ficando mais acentua da devido à sintonia que ainda a perturbava. Era como se ela ainda fosse o romano que não podia errar. Foi preciso entender que são tendências que ela traz do passado. Mas, com o auxílio dos pais, poderá amenizar a rigidez e cobrança.

### Resultados

A mãe relatou que, após a 1ª regressão, a menina passou a dizer para ela que a amava, ficou mais amorosa. Os pais passam por tratamento psicoterápico e quase não há mais discussões entre o casal.

## 5º CASO - DIFICULDADE DE RELACIONAMENTO

S.M.G., menina com 15 anos de idade

### Dificuldades

Desde criança, era arredia com as pessoas. Esquivava-se, não convivia tranquilamente com os familiares. Quando saía e frequentava a casa dos avôs, se escondia para não conversar, nem cumprimentar ninguém. Fugia dos contatos. Diagnosticada com Síndrome de Asperger.

### Durante a gravidez

É a filha mais velha. Os pais tiveram muitas dificuldades financeiras e de relacionamento. Houve rejeição na gravidez.

### Vida da criança

Sempre foi muito bem na escola, entretanto sempre encontrou dificuldades nos relacionamentos com os colegas. Vivia mais isolada e muito arredia.

### 1ª Regressão

De um lado, é visto um jardim muito claro e, do outro, muito escuro. Ela se dirige para o lado escuro, onde a mata é densa e fechada, mas não consegue entrar, como se algo a impedisse. Ela volta e se dirige para o lado claro e avista um vilarejo. Caminha por uma pequena estrada antiga e estreita. Ela usa laços de fita nos cabelos. Há um anjo que flutua, ao lado dela.

Vai se aproximando do vilarejo e vê casas. Chega perto de uma residência simples e para diante de uma porta, em que a parte de cima está aberta, e a de baixo, fechada. Com medo, ela entra na casa, que tem pouca luz. Lá estão um casal, os pais dela. A menina e a mulher estão vestidas iguais. O homem está bravo e amedronta a menina e a mulher.

A menina quer abraçar a mãe, mas o pai não deixa, pois, demonstração de carinho é sinal de fraqueza. Decide sair dali novamente e vai para o vilarejo. Volta para a floresta, acompanhada pelo anjo, ela não o vê, mas sabe que ele está ali. Resolve sentar numa pedra e ficar.

Entretanto, acaba se encolhendo e adormece. Ao despertar, percebe que o tempo passou e está escuro. Retorna para casa com medo do pai que a coloca de castigo, dentro de um poço de pedras muito escuro.

Os castigos impostos pelo pai – mantê-la presa no poço escuro – apagavam a alegria de viver da menina, que vivia encolhida e com medo. O tempo passou, ela cresceu e sua mãe faleceu. A menina não tinha brilho nos olhos, não sorria em decorrência da maneira como o pai a tratava. Vivia mais trancada naquele poço do que outra coisa.

O pai era irônico, olhava-a e ria do seu jeito apático. A menina desejava que ele morresse. Entretanto, com o passar do tempo ela começou a ter fortes dores de cabeça. Não resistiu e faleceu. Sua mãe veio buscá-la. Foi tratada em um hospital.

Quando despertou, foi levada para um jardim, muito claro, mas continuou com medo e muito magoada. Ela queria mudar, mas não conseguia perdoar o pai. Só ficava bem quando recebia a visita da mãe.

A dor de cabeça que sentia melhorou, mas a dor no peito ainda a perturbava. Com o tempo, ela ficou tranquila e em paz. Já estava no meio das pessoas.

O pai desencarnou, porém, não conseguiu chegar até ela, que estava num plano mais sutil. Ele pensava nela e queria lhe pedir perdão. Ela sentiu medo quando soube que ele queria vê-la. Então, a menina se uniu a um grupo para estudar e trabalhar. Sentia-se bem e feliz interagindo com todas essas pessoas. Entretanto, foi avisada que teria de voltar e reencarnar.

### Personalidade Congênita – Comentários

Nesta vida, a menina estava sempre encolhida, como se estivesse se escondendo de alguém ou de algo que a assustava.

O medo a acompanhava sempre e estava permanentemente arredia e desconfiada.

## Resultados

Depois dessa regressão, em visita a casa dos avôs, a menina voltou a sorrir. Ela começou a conversar timidamente com os familiares.

## 2ª Regressão

Era uma mulher que vivia numa floresta. Chamada de bruxa pelas pessoas do vilarejo, ela sentia raiva daqueles que a perseguiam. Um dia matou uma pessoa com uma flecha.

Por causa disso, foi morta. Cortaram sua cabeça e a levaram para o rei. O seu espírito foi encaminhado ao plano espiritual por um cavalo. Precisou de tratamento em seu chacra cardíaco, de onde saía uma energia escura.

Lá no plano espiritual, estava bem, interagia com as pessoas. Todos conversavam muito com ela. O seu mentor passou a seguinte mensagem:

*O conhecimento é um caminho que poderá levá-la para bem longe, no entanto não deve se esquecer de que deve ser utilizado para auxiliar os outros, criar benefícios e construir obras para melhorar a si mesma, as outras pessoas e o mundo. Precisa saber também que o conhecimento só será válido se colocado em prática, pois de nada adianta conhecer sem praticar, sem utilizar.*

*O conhecimento transforma a si mesmo, os outros e o mundo. Deve começar pelo autoconhecimento, quem você é, o que sente, pensa e o que quer de verdade. Talvez seja o começo para iniciar a sua jornada de buscas.*

*O mundo e as pessoas serão aqueles que você quiser. Se desejar um mundo de brigas, brigue. Se almejar um mundo de amor, seja amorosa. Se aspirar um mundo de conquistas, conquiste. Se ansiar um mundo de silêncio, silencie. O mundo e as pessoas serão tudo aquilo que você é. Será o reflexo do seu interior. Cuide dos seus pensamentos, sentimentos, palavras e atitudes para que reflitam apenas amor, paz, compreensão e entendimento.*

### Personalidade Congênita – Comentários

A menina gosta muito de estudar, ler e assistir a filmes antigos. Conhece muitos assuntos por iniciativa própria.

### Resultado

Depois de três regressões à distância e uma presencial, ela está mais sociável, participa das conversas, mesmo que timidamente. A adolescente chegou a dizer ao pai que gostaria de fazer teatro, em inglês. Atualmente faz teatro.

---

## 6º CASO - AGRESSIVIDADE

F.F.L., menino 6 anos de idade

---

### Dificuldades

Nervoso, se irrita fácil, desobedece a mãe, agride os colegas da escola. Começou a ficar assim quando a professora pediu, em sala de aula, para os alunos desenharem com quem moravam. Naquela ocasião, os pais haviam se separado. Então, ele colocou que morava com a mãe, a avó e os tios. Os colegas brincaram com ele, perguntando sobre o seu pai. A partir disso, o menino passou a ficar agressivo. O gatilho foi a separação dos pais.

### Durante a gravidez

Segundo informações descritas pelo pai, foi normal.

### Vida da criança

Mora com a mãe, a avó e os tios. O pai separou-se da mãe e visita o menino quinzenalmente.

## 1ª Regressão

Foi visto como um andarilho no deserto, que cambaleava sem forças, com muita sede e fome. Não resistiu e caiu desmaiado. Depois de um tempo, uma caravana passou e o recolheu, dando-lhe água e tratando dele.

Entretanto, aqueles que o ajudaram fizeram-no prisioneiro e o venderam como escravo. Foi colocado à venda como uma mercadoria, o que disparou a raiva nele.

Um dia apareceu uma moça para comprá-lo. Eles se encantaram um pelo outro, mas ela era casada. Ele foi levado para a casa dela na condição de escravo.

No entanto, acabaram se envolvendo e ela engravidou. O marido acreditava que era dele, nem imaginava que a esposa o traía. Quando a criança nasceu, a mulher só queria estar com o filho, o que despertou ciúmes no marido.

O mentor deixou a seguinte mensagem:

*O amor cura tudo e quebra todas as barreiras.*

Os pais deveriam evitar discussões na frente do menino, pois o ajudariam a se sentir amado e feliz.

## Personalidade Congênita – Comentários

Pela descrição dos fatos, as dificuldades da criança e o seu comportamento agressivo começaram a partir da separação dos pais. Solicitamos a presença da mãe, que foi atendida por um psicoterapeuta reencarnacionista. Ela revelou que passava por dificuldades financeiras e havia discussões no lar.

Informada a respeito das regressões da criança, foi passado a ela a orientação do mentor: ser mais amorosa e evitar discussões na frente dele. A mãe cobrava da criança uma postura de adulto. Aos 6 anos de idade, o menino se sentia pressionado e perdido.

### Resultados

Após as regressões e o encontro com a mãe, o pai nos informou que o menino está mais calmo e não reage mais com agressividade. Ele também contou que a mãe encontrou um emprego, está mais tranquila e discute menos. Neste caso, o tratamento com os pais, separados, foi importante para o bem-estar da criança e do seu futuro.

## 7º CASO - SINUSITE

C.A.G., menino de 5 anos de idade

### Dificuldades

Sinusite desde os 3 anos, muito nervoso, sente muitas dores de cabeça.

## Durante a gravidez

A mãe tinha 19 anos quando engravidou, ficou com medo de não conseguir criar e de educar. A criança nasceu aos 9 meses e de parto normal. A mãe foi agredida pelo pai da criança, durante a gravidez.

## Vida da criança

Quando está nervoso se agride, tem medo de ficar sozinho e de alguém vir pegá-lo. Não toma medicamentos. Reside com família numerosa, mãe, avós e tios. Pais separados. Começou a apresentar os problemas desde 1 ano de idade. Não gosta de ir à escola diz que os amigos e os professores são chatos. Os professores dizem que ele é ótimo e obediente.

## 1ª Regressão

Foi realizada uma regressão à distância e encontrado traços da personalidade congênita com tendências ao orgulho e a vaidade. É necessário orientá-lo e educá-lo para que não deixe tais tendências dominarem sua personalidade. Ceder não será a solução, mas educação e informação.

Foi pedido mais três regressões e orientação para a família, que deverão passar por orientação e tratamento.

### Personalidade Congênita – Comentários

A mãe foi chamada para tratamento e conversa e nos informou que a criança não apresentava mais sinusite, nem as autoagressões, entretanto continuava nervoso e com dores de cabeça. Tínhamos ainda, mais duas regressões a serem feitas.

### Resultado

Continua em tratamento, mas melhorou em muitos aspectos de comportamento.

---

**8º CASO - AUTISMO**

C.N.D., menina de 7 anos

---

### Dificuldades

Autismo, hiperatividade, deficiência intelectual, não aceita comando, obedece pouco, compulsão por comida, grita muito, pede socorro, dificuldade para dormir, dá trabalho para tomar banho. Toma medicamentos. Não interage, brinca sozinha, pois não deixa que peguem as suas coisas. Recebe assistência na Associação de Pais e Amigos dos Excepcionais (APAE).

## Durante a gravidez

A mãe nos informou que a gravidez foi normal, entretanto a menina nasceu de 7 meses e meio, cesariana. Ficou 2 dias na incubadora.

## 1ª Regressão

Foi visto uma menina assustada e sozinha, numa sala escura de paredes brancas. Queria sair dali, gritava e pedia socorro, mas ninguém aparecia.

Ela ficava sentada num canto, no chão, abraçado as suas pernas. Estava muito triste. Foi visto dois homens entrar, com roupas brancas, a tratavam muito mal e não ligavam para os gritos de desespero dela.

Queria saber por que estava presa ali. Ninguém a visitava, e passou anos naquele lugar. Um dia sua mãe resolveu vê-la, mas foi informada pelos médicos que a menina estava muito ruim, tinha distúrbios mentais.

O tempo foi passando, a menina cresceu naquele lugar, sempre presa. Foi adoecendo, piorou e morreu. Entretanto, após o desencarne, despertou e foi levada para um lugar escuro e muito feio. Permaneceu muito tempo naquele lugar, perseguida por outros seres escuros, até que um dia ela foi resgatada por uma equipe de Luz.

Foi tratada e após despertar queria saber por que sofreu tanto. Por que sua família a abandonou? Estava revoltada. Alguém sentou ao seu lado e lhe avisou que saberia de tudo no momento certo. Ela passou a trabalhar no plano espiritual e ajudava as pessoas que chegavam.

Um dia chegou a sua mãe e elas se abraçavam. A menina queria saber por que sua mãe tinha deixado ela naquele hospício. A mãe disse que ela era diferente e seu padrasto a convenceu de interná-la. Ela perdoou a mãe, mas queria saber por que teve que sofrer tanto na vida e depois que desencarnou.

No momento em que estava preparada seu mentor a chamou e lhe mostrou as razões que a levaram ter aquela vida e a sua passagem pelo umbral. Em vida anterior, ela fora um homem que torturava e matava pessoas, em nome de Deus, era um carrasco que abusava das pessoas.

A programação da sua nova vida, fez com que viesse mulher para aprender sobre os abusos, que havia anteriormente cometido, e aprender com isso, e não como castigo. Com a informação, ela ficou muito abalada e se dispôs a reparar seus erros. Foi informado pelos mentores, que a vida atual, seria uma encarnação compulsória.

A vida atual não foi escolhida, mas foi uma consequência de vidas anteriores. Precisa de muito amor e compreensão para passar por esta jornada, não será fácil, mas com os desligamentos será ajudada.

### Personalidade Congênita – Comentários

A mãe nos informou que não tem paciência com a menina, o pai é mais calmo, entretanto a criança não respeita o pai. A menina embora carinhosa é bruta e fala poucas palavras. Demonstra uma personalidade difícil.

### Resultado após 4 regressões

Começou a dormir sozinha sem precisar mandar. Não grita mais, não pede socorro como antes. Não tem mais medo de banheiro, aceita quando a mãe (somente a mãe) fala não. Está mais calma e atenta, o que foi comentado pela equipe da APAE. O autismo continua, entretanto, as sintonias que a perturbavam sumiram.

## 9º CASO - SÍNDROME DE DOWN

R.J.M., menino de 7 anos

### Dificuldades

Sem paciência, recua diante dos obstáculos e se bate.

## Durante a gravidez

A mãe chorou muito na gravidez, antes de saber que a criança era portadora de Down, mas depois ficou muito feliz com a gravidez.

A criança nasceu de 9 meses, sem problemas no parto. O menino e o pai são muito ligados, a mãe se sente excluída, mas ama o filho.

Ele é muito querido, ele é carinhoso, adora os amigos, faz amizade facilmente, é muito sociável, adora conversar. Os professores dizem que ele é adorável.

## 1ª Regressão

Foi um soldado na França, sentia muito medo, pois estava numa batalha. Havia muitos soldados lutando entre si. Por medo ele fugiu e deixou os companheiros sem ajuda, mas foi preso e julgado pelo exército.

Foi considerado culpado como desertor. A pena ficou entre a prisão ou ser banido. A sentença foi de prisão, num lugar sujo onde as pessoas são largadas à própria sorte. Passado um tempo ele foi banido do país e encaminhado para a África, onde foi de navio.

Sentia-se muito mal, pois era terrível ser desertor. Sentia-se envergonhado, por não conseguir fazer nada no local para onde foi levado, acabou virando um mendigo.

Perambulava pelas estradas e um dia chegou numa fazenda. Pediu trabalho, porém era muito pesado, cuidava dos animais e dormia no celeiro. A vida não tinha sentido para ele e um dia ele se enforcou com uma corda.

Ele despertou e percebeu que estava no mesmo lugar, saiu caminhando, via pessoas, mas ninguém o via. Sentia-se ignorado e triste. Acabou indo parar no umbral. O lugar era feio e escuro. Permaneceu por lá por um tempo até se cansar e pedir ajuda. Veio uma luz e o levou.

### Personalidade Congênita – Comentários

Uma das dificuldades da criança, nesta vida, é quando se depara com situações difíceis, em que precisa tomar decisões, e talvez, o medo de errar "de novo". Com o desligamento dessa vida passada, a tendência é que ele passe a encarar as dificuldades com mais leveza.

### Resultado

Ele está mais tranquilo, parou se agredir continua comunicativo, pois é sua personalidade. Conforme explicado no início deste livro, a criança continuará com a síndrome na qual nasceu por ajustes ou escolha e que, não cabe a nós seres humanos, entendermos, entretanto, sem as ressonâncias do passado que o incomodavam.

## 10º CASO - BIPOLAR, TRANSTORNO DE ATENÇÃO

F.B.C., menino com 15 anos de idade

### Dificuldades

Desde os sete anos de idade era agressivo, brigava, jogava coisas dos outros no chão, pensava em se matar, emburrado, triste, medo de multidão, agressivo, esquecia tudo rápido, dificuldade de convivência com as pessoas. Medo de morrer. Não distinguia o que era real do imaginário. Horror de igrejas. Falava de fatos que só ele sentia e via.

### Durante a gravidez

A gravidez foi difícil e problemática, pois a mãe biológica usava drogas.

### O tratamento com as regressões

Iniciamos o tratamento em conjunto, a psicoterapia reencarnacionista com as regressões, juntamente com o tratamento espiritual, pois o menino tinha obsessores, mediunidade e sensibilidade ostensivas, personalidade congênita muito forte e difícil. O tratamento durou cerca de dois anos.

Em uma das regressões que passou, recebeu uma mensagem que vale a pena transcrever:

*Esqueça o passado, pois ele só servirá de experiência para não repetir alguns erros. Com o devido tempo você entenderá algumas coisas que estão relacionados a sua própria vida. Agora é hora de focar naquilo que realmente quer e precisa fazer. Terá momentos em que vai querer jogar tudo para o alto, por conta do desespero que há em seu coração e por não ser compreendido. Esqueça tudo isso, quem precisa se compreender é você mesmo. A tua jornada é longa e terá muita coisa para fazer, mas é porque você escolheu isso e não há sombra de dúvida que terá alguns amigos daqui que irão te ajudar. Confie na tua intuição, confie no que o seu coração quer te mostrar. Agora é o momento de mostrar a tua fé, a tua força interior para a execução das obras. Estude aquilo que mais te habilite fazer, pois estudar só vai relembrar o que você já sabe no seu interior. O seu conhecimento deve sempre ser direcionado para o bem. Não se preocupe estamos sempre ao seu lado te orientando, te direcionando, mas não esqueça de que deve lutar para estar junto de nós.*

### Comentários

No início dos tratamentos o garoto não deitava na maca e as luzes precisavam ficar acesas, sentado numa cadeira de mãos dadas conosco e de olhos abertos, narrava tudo que lhe vinha na mente. Contava situações e fatos de vidas passadas com desfechos dramáticos. Na medida em que o tempo passava e os desligamentos foram ocorrendo, ele já conseguia deitar na maca, relaxar melhor e conseguia fechar os olhos.

Passou por muitas regressões e tratamento espiritual contínuo, no centro espiritualista. Decorridos dois anos o menino já deitava na maca de olhos fechados e meia luz. Conseguia relaxar e passar por outros tratamentos energéticos e pela psicoterapia reencarnacionista.

## Resultado

Atualmente está com 18 anos, tem um emprego e se destaca pela sua dedicação. Trabalha no centro espiritualista, estuda a espiritualidade e o autoconhecimento, continua na sua busca pela reforma interior para controlar a sua personalidade congênita causadora de tudo o que passou nesta e em outras vidas.

Atualmente trabalha num lugar bastante movimentado, concluiu os estudos, não tem mais medo de morrer, trabalha no meio de muitas pessoas, mais compenetrado. A sua personalidade é de um rapaz sério, quieto, mas sociável. Consegue saber quais são seus sentimentos e pensamentos e já os separa da influência dos ambientes e de outras pessoas.

## 11º CASO - SURTO PSICÓTICO

S.L., menino com 17 anos de idade

### Dificuldades

O menino tinha alguns repentes de sair andando como se fugindo de algo ou de alguém. Por várias ocasiões em que estava quieto, levantava-se e saía sem rumo, em diversos lugares. O gatilho inicial foi a tentativa de assalto que ele sofreu e a partir disso começou a ter sobressaltos inesperados e a sair dos locais, sem rumo. O pai sempre o amparou e precisava estar com ele, vigiando-o, pois ele se desesperava sem um motivo aparente.

### Durante a gravidez

O pai nos disse que foi conturbada.

### 1ª Regressão

Foi visto um menino que havia sido criado sem pai, pois este era um homem importante no vilarejo e a mãe omitia dele a sua identidade. Um dia quando ele já era um rapazinho, sua mãe resolveu revelar-lhe a identidade de seu pai.

Curioso foi em busca de saber quem ele era. Entretanto, por obra e caminhos que não conhecemos, ele avistou, de longe, seu pai com muitas pessoas a sua volta.

Quando se aproximou, um homem começou uma discussão com o pai do rapaz. Eles começaram a discutir e o homem puxou uma arma e deu um tiro no pai do garoto. Este ficou desesperado e foi até lá, se aproximou do pai e tentou falar com ele, sem sucesso.

A partir daquele fato o rapaz passou a ter ódio pelo assassino do pai e passou a persegui-lo. E planejou uma emboscada, para matá-lo.

Quando conseguiu a oportunidade para fazê-lo, foi descoberto e perseguido pelas pessoas que acompanhavam aquele homem que era importante naquele lugar. Começou uma perseguição, a pé, atrás do garoto, que saiu em disparada pelos becos e pequenas ruas do lugarejo. Entretanto, acabou entrando num beco sem saída e foi atacado e morto, com socos e pontapés.

### Comentários

O ataque que sofreu naquela vida fez disparar nele a necessidade de correr, de se esconder, entretanto naquela vida passada não conseguiu e aqui na presente vida ele se via em desespero com o mesmo medo de antes. E tudo foi disparado no momento em que sofreu um assalto.

**Resultado**

Já havia sido levado ao médico e estava sendo encaminhado para ingerir medicamentos pesados. Com o desligamento não houve necessidade dos medicamentos. Passou por tratamento psicoterápico.

Após essa regressão terapêutica, o rapaz não teve mais esses repentes de sair correndo como se tivesse fugindo. Hoje está calmo e vive mais tranquilamente.

# RAD para crianças

No período em que fizemos o estudo de caso, passaram por tratamento crianças e adolescentes portadores de necessidades especiais, com transtornos variados, síndromes e problemas comportamentais diversos.

Assim como nos adultos, a ética da regressão terapêutica permite que sejam acessadas somente as encarnações passadas que os seres superiores autorizem.

Durante a regressão, a narrativa da criança descreveu as situações passadas nas quais ela se encontrava presa, originando doença congênita, transtornos atuais e síndromes.

Com bastante frequência, a criança ainda está sintonizada a essas circunstâncias passadas, que provocam distúrbios, medos, insônia, agitação, gritos, agressividade, hiperatividade, ansiedade, dores, etc.

O que se percebe, com esse trabalho investigativo do passado, é que muitas causas de enfermidades físicas, emocionais, mentais e espirituais encontram ressonância e explicação no passado, produzindo efeitos ruins no presente.

A partir do processo terapêutico, ocorrem os desligamentos e o entendimento das reais razões das dificuldades. Os mentores espirituais da criança passam orientações para os pais.

No entanto, a regressão não é a solução para todos os problemas, pois cada situação deve ser analisada sob o ponto de vista kármico. Nem todas as enfermidades são curáveis, mas podem ser amenizadas ou entendidas.

Podemos compreender as razões pelas quais ela ocorre, porque muitas situações vividas são necessárias para o aprendizado e a evolução da criança ou de sua família.

Nos grupos de regressão à distância para as crianças, notamos a necessidade de integrar a família nos tratamentos. Para a eficácia do trabalho e das regressões, a criança foi tratada de uma maneira e sua família – pai, mãe, responsáveis – também recebeu cuidados.

O que comprovamos na prática é que, muitas vezes, os problemas da criança se agravam por desequilíbrios e distúrbios emocionais, mentais e espirituais dos seus pais ou responsáveis.

Outro fator importante que percebemos durante os trabalhos foi a necessidade da inserção do tratamento espiritual como complemento para a recuperação da criança e de seus pais. A função dele é harmonizar o lar para que todos cumpram suas missões da melhor maneira possível.

Em muitos casos tratados, o problema que surgia na família, através da criança, era o chamado para que pais ou responsáveis buscassem a fé, a conexão com a espiritualidade, vinculada ou não à religião. Esta atitude fez uma grande diferença na melhora de todos os envolvidos.

As regressões das crianças, os desligamentos realizados, a conscientização da família, o aprendizado dos pais sobre o que está acontecendo e as razões pelas quais a criança veio naquela família, daquela forma, foram essenciais para a recuperação de traumas, doenças, dores, sintonias e aproveitamento da encarnação atual com ajustes e missões.

A aplicação da Psicoterapia Reencarnacionista foi muito importante em todos os casos para a necessária compreensão da reencarnação. Assim, com base nas leis divinas, toda a família conseguiu entender qual a programação desta nova vida.

Sobretudo, conseguiram perceber que os resultados atuais foram gerados por compromissos com o passado, dos acordos com espíritos em desajustes e de escolhas equivocadas.

> **Com a mudança do modelo versão-persona para versão-espírito, as famílias descobriam que não há castigo pelo fato de uma criança ter nascido com dificuldades, mas sim muito aprendizado, e, por fim, GRATIDÃO pela oportunidade.**

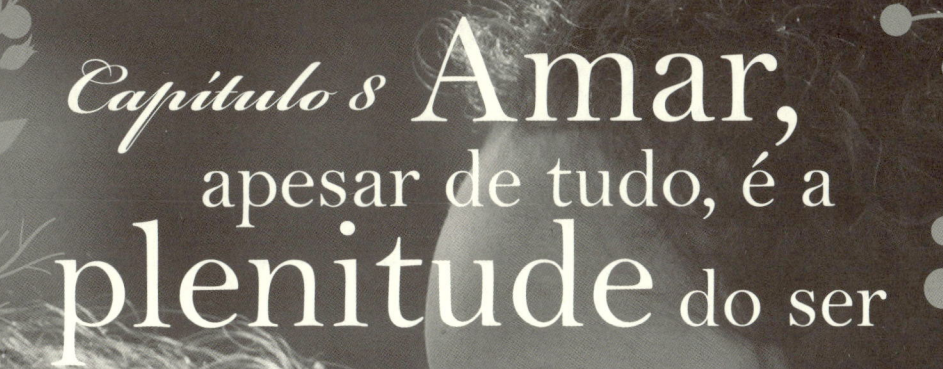

# Capítulo 8 Amar, apesar de tudo, é a plenitude do ser

*"Desenvolver o amor puro e incondicional entre marido e mulher, pai e filho, amigo e amigo, o próprio e todos os demais é a lição que viemos aprender na Terra."*
**PARAMAHANSA YOGANANDA**

**Os casos que estudamos neste livro** demonstram a personalidade congênita das crianças e o que elas precisam mudar. Aos pais e responsáveis, cabe a tarefa de perceber e auxiliar a reforma íntima de seus filhos, por intermédio de uma educação correta e de muito amor, além de sua própria reforma interior.

As regressões à distância relatadas demonstram bem tais situações, representam os resultados de escolhas. Estas, infelizmente, muitas vezes são baseadas na raiva, no medo, na vingança, na tristeza, no abuso de poder e em outras formas de pensamentos, sentimentos e emoções nocivas.

Tais escolhas convergem para resultados desastrosos. Não são bons, nem ruins, não são certos, nem errados, apenas equivocados. Portanto, não há julgamento e sim muito aprendizado.

Cada uma dessas histórias narradas nos ensina a respeito da alma humana e de como precisamos estar atentos para nosso modo de pensar, agir, sentir e ser.

> **Aprender observando é sabedoria,**
> **compreender sem julgar é evolução.**
> **Amar, apesar de tudo,**
> **é a plenitude do ser.**

Todos nós, indistintamente, estamos encarnados para solucionarmos os resultados de nossas escolhas equivocadas do passado.

Nesta vida, é necessário fazer escolhas mais centradas, equilibradas e harmônicas, e não escolhas revoltadas, raivosas, incompreendidas. Principalmente, buscar o caminho do autoconhecimento e aprender a ser guiado pelo nosso Eu Superior aqui na Terra.

Todas as regressões de crianças aqui narradas foram acompanhadas pelos pais, que também foram tratados para que pudessem entender as razões que levaram as crianças a terem atitudes e reações complicadas e difíceis.

Como vimos ao longo desta leitura, é importante trabalhar com toda a família, entender a vida escolar e as companhias que a criança tem, para ajudá-la a se inserir na nova vida.

Muitas vezes as crianças nos contam histórias "fantasiosas", falam de amigos invisíveis bons e ruins, no entanto estão contando fatos de vidas passadas e visões que elas têm.

Os pais e responsáveis precisam observar e conversar com a criança. Ouvir suas queixas, fazer perguntas e não se assustar com as respostas.

Quando a criança diz que matou o amigo, é possível que esteja relatando algo do seu passado remoto. Ela pode ainda contar que morreu por meio de um ferimento feito com uma espada ou num acidente e agora está ali. O seu filho ainda pode relatar de onde veio, a mãe era casada com ele.

Você, como mãe ou pai, pode não entender assim. Porém, ampliar a sua compreensão pode ajudar muito o seu filho.

Outra dica é perceber quando uma criança começa a chorar e gritar muito, sem controle. Ela pode estar sendo atacada espiritualmente ou vendo algo aterrorizador. **Ensine-a a rezar, a se conectar com Arcanjo Miguel** que se parece com um super-herói. Conte para a criança sobre os poderes deste Arcanjo incrível.

É necessária a compreensão para que ela seja encaminhada e respeitada, sem traumas, e não seja tratada como louca ou doente.

Contar histórias ou estórias faz parte da vida infantil e deve continuar a fazer parte das nossas vidas, pois muitas fantasias que vivenciamos na imaginação podem representar vidas guardadas no nosso inconsciente.

As crianças têm coragem de narrar o que pensam e imaginam e os adultos, escrevem livros extraordinários.

Dependendo da situação de uma criança ou de um adolescente, ela pode ser tratada apenas no âmbito físico. Entretanto, como vimos neste livro, os casos não são tão simples e precisam ser olhados mais amplamente.

É importante entender as razões de tudo e buscar respostas e soluções, pois só assim haverá mudança de consciência e a evolução de todos.

**A Regressão Terapêutica não substitui os tratamentos convencionais, nem os espirituais, mas é complementar e integrativa.**

Espero que este livro seja útil para todos aqueles que buscam respostas e um caminho para seus filhos. Estamos no século em que podemos escrever sobre reencarnação e vidas passadas sem ir para a prisão, embora ainda haja inquisidores encarnados. A reencarnação já está comprovada, o difícil é mudar as resistências das pessoas e das instituições que possuem suas razões.

A mudança de paradigma, proposta pela Psicoterapia Reencarnacionista, ocasiona a quebra e a mudança de velhos padrões. Só assim conseguiremos vislumbrar novos modelos.

No momento em que a pessoa começa a enxergar que a infância é uma continuação de nossa vida eterna, que a família é um grupo de espíritos unidos por laços kármicos, ligados por afinidade e divergência, que as situações da vida são resultados de atitudes passadas e necessárias para a sua evolução, ocorrerá, a princípio, um entendimento amplificado da vida e de si mesmo.

Dessa forma, ocorre a mudança de padrão da versão persona (ego) para a versão espírito. Passamos a nos enxergar como espíritos eternos e não mais como pessoas mortais.

Assim, aproveitamos a nova oportunidade e fazemos diferente. Quando os filhos vierem ou, se já estão aí, mudamos as nossas atitudes e alcançamos resultados melhores. Entendemos que uma criança carrega muitas existências e bagagem farta. Ou seja, tudo o que ela tiver que passar será resultado das suas escolhas e da sua cura.

Diante disso, podemos compreender melhor o motivo pelo qual as crianças nascem doentes, perturbadas, com doenças incuráveis e sem diagnóstico.

Até mesmo nas chamadas "injustiças", em que vidas são despedaçadas, ataques espirituais ocorrem, etc. Essas são apenas manifestações ou resultados do passado. As pessoas continuam sendo iguais e produzindo os mesmos resultados há vidas e vidas.

Dissociar a versão ego da versão espírito, ampliando a visão da realidade e saindo da ilusão, é o que a Psicoterapia Reencarnacionista nos proporciona, aliada à proposta da reforma íntima. Ver sua própria vida, desde a infância, sob o ponto de vista reencarnacionista e entender:

**Que precisou daquele pai.**

**Que precisou daquela mãe.**

**Que precisou daquela vida.**

Sair da condição de vítima das circunstâncias. Encarar como aprendizado e evolução a convivência com as pessoas e os acontecimentos da vida. Assim, vamos aprendendo e percebendo quando as situações param de se repetir e tudo finalmente muda.

Entender que a vida vai ensinando e colocando pessoas e situações que são os gatilhos para que saibamos o que é preciso mudar. Podemos deixar passar as provocações disparadas pelos gatilhos ou cair nas armadilhas novamente.

Na medida em que conhecemos a própria personalidade congênita, assumimos nossa missão e aproveitamos a encarnação. Então, passamos a acessar nossas virtudes, entendemos e agradecemos pela vida.

Diminuindo o peso do passado, vamos ficando mais leves, mudamos a nossa frequência vibracional e passamos a atrair pessoas e situações harmônicas e felizes. Com isso, pais e mães adquirem consciência e podem compreender seus filhos e ajudá-los da melhor maneira.

# CAPÍTULO 9
# Perguntas e respostas

## 1. A regressão pode deixar meu filho preso em uma vida passada?

Na realidade, se o seu filho apresenta algum problema traumático, de dor, sofrimento, comportamento diverso para uma criança, pavor, medo de morrer ou de perder os pais, enfim, ele já está lá, preso a uma outra existência. A regressão terapêutica desliga a criança de uma lembrança inconsciente, libertando-a para viver plenamente esta vida atual.

## 2. E se a criança ficar pior do que antes?

Por meio da regressão terapêutica, seja no formato à distância, seja presencial, o seu filho vai se soltar desta situação passada. Assim, ele não terá mais razão para voltar a falar a respeito dela.

### 3. A regressão pode revelar que pais e filhos foram inimigos?

A lei do esquecimento é respeitada, pois quem conduz a recordação são os mentores espirituais das crianças. A regressão finaliza no "ponto ótimo" de desligamento da recordação. Em outras palavras, a criança não fica sintonizada com o momento traumático de uma revelação como essa. O atendimento terapêutico é conduzido ao ponto ótimo, de forma a levar o consultante a um estado de bem-estar, para que ele saia bem da consulta, sem sentir sintomas físicos e emocionais do que viu.

### 4. A regressão é ligada à doutrina espírita?

Não há ligação com nenhuma religião, apenas são utilizados termos semelhantes. A reencarnação é mencionada pelas religiões orientais há mais de 7 mil anos e foi comprovada pelo médico canadense Ian Stevenson.

# Bibliografia Sugerida

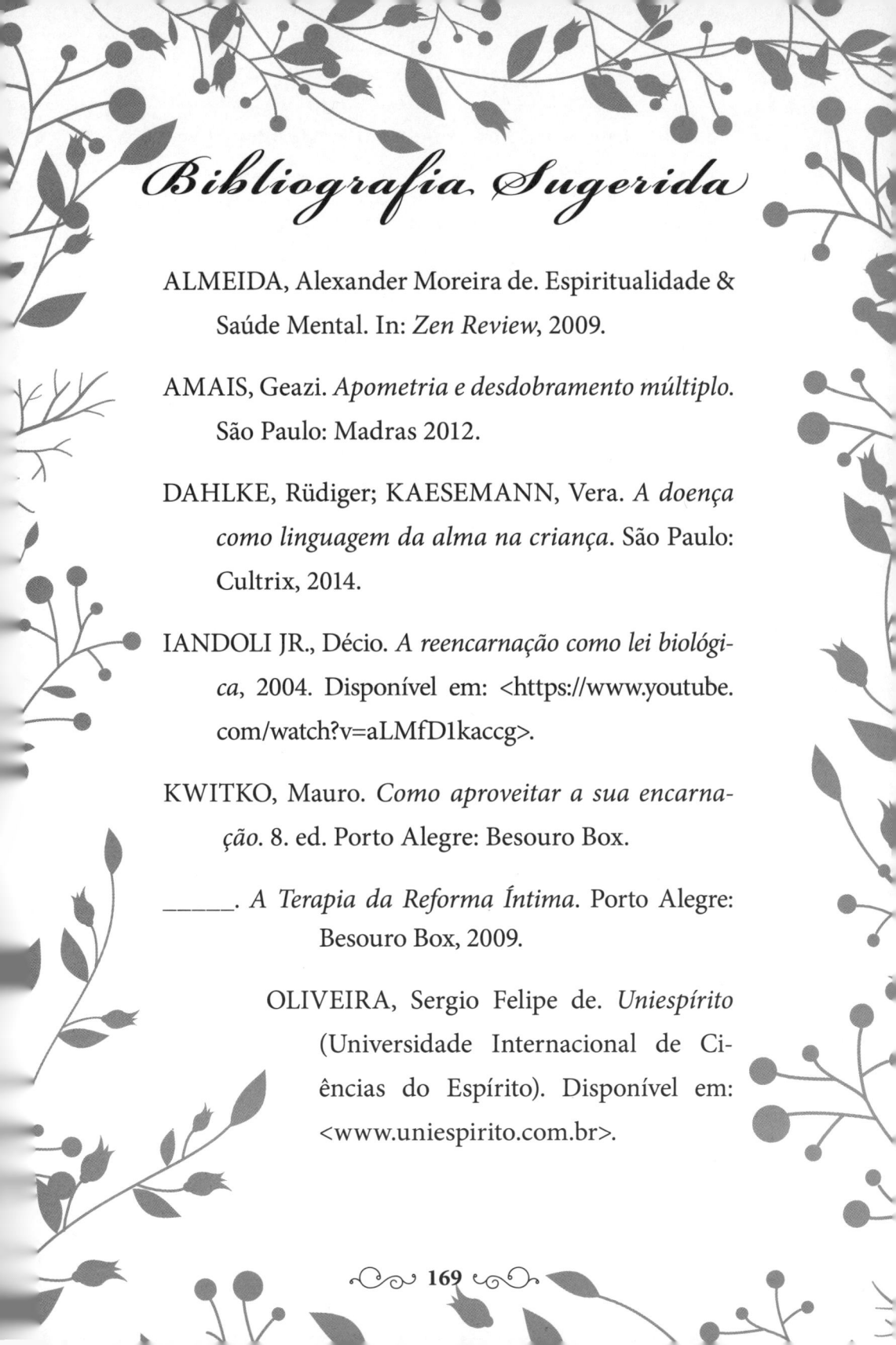

ALMEIDA, Alexander Moreira de. Espiritualidade & Saúde Mental. In: *Zen Review*, 2009.

AMAIS, Geazi. *Apometria e desdobramento múltiplo*. São Paulo: Madras 2012.

DAHLKE, Rüdiger; KAESEMANN, Vera. *A doença como linguagem da alma na criança*. São Paulo: Cultrix, 2014.

IANDOLI JR., Décio. *A reencarnação como lei biológica*, 2004. Disponível em: <https://www.youtube.com/watch?v=aLMfD1kaccg>.

KWITKO, Mauro. *Como aproveitar a sua encarnação*. 8. ed. Porto Alegre: Besouro Box.

_____. *A Terapia da Reforma Íntima*. Porto Alegre: Besouro Box, 2009.

OLIVEIRA, Sergio Felipe de. *Uniespírito* (Universidade Internacional de Ciências do Espírito). Disponível em: <www.uniespirito.com.br>.

MARQUES, José Roberto – A teoria dos setênios – Os ciclos da vida. In: *Biblioteca Virtual da Antoposofia*, 2016. Disponível em: <http://www.antroposofy.com.br/forum/a-teoria-dos-setenios-os-ciclos-da-vida/>.

PONTE PARA A LIBERDADE. *O Livro de Ouro de Saint Germain*. 2. ed. Porto Alegre: Grupo Esotérico Ponte para a Liberdade, 2015.

STEVENSON, Ian. *Vinte casos de regressão*. São Paulo: Difusão Cultural, 1970.

TEIXEIRA, Cícero Marcos. *Educação de pais gestantes*: gestação/reencarnação. 2000

TOURINHO, Ribamar. Disponível em: <http://www.ribamartourinho.com.br/medos-onde-tudo-comecou/>. <https://www.youtube.com/watch?v=t_TuXACtlyI,https://www.youtube.com/watch?v=zHVGQxEDGw4>.

# Mensagem dos Mentores
## no primeiro dia da *Regressão*

As crianças portadoras de necessidades especiais e com dificuldades serão aliviadas das sintonias de vidas passadas, que possam atrapalhar o cumprimento da atual jornada, entretanto continuarão com as síndromes, o autismo, as deficiências e até algumas doenças, pois era a programação de cada um, para a atual encarnação.

Outras crianças, com outras dificuldades, poderão melhorar, mas tudo dentro do merecimento e do aprendizado de cada ser e da sua atual família. Não é um trabalho para achar que irão curar, pois algumas crianças bastante comprometidas com o passado só perceberão que este trabalho foi realizado, após retornarem para o plano espiritual, pois saberão que mesmo com o passado deles foram ajudados, sem julgamentos.

O que importa é a doação dedicada, pois é a semente que será plantada no chakra cardíaco de cada um. Não se sintam frustrados quando acharem que nada ocorreu, pois o resultado pode não transparecer de imediato, mas produzirá os efeitos no momento certo.

Fiquem em paz.

*Setembro/2013*

# Outras Publicações

**Luz da Serra**
EDITORA

**Grandes Mestres da Humanidade
Lições de Amor para a Nova Era**
Patrícia Cândido

É uma busca no passado que traz à tona a herança deixada pelos sábios que atingiram os níveis mais altos de consciência. Talvez a humanidade não perceba que as mensagens de Buda, Krishna, Gandhi, Jesus e outros seres iluminados nunca foram tão necessárias e atuais. Nesta obra, a autora reúne as propostas de evolução que cinquenta grandes almas apresentaram à humanidade.

Páginas: 336
Formato:16x23cm

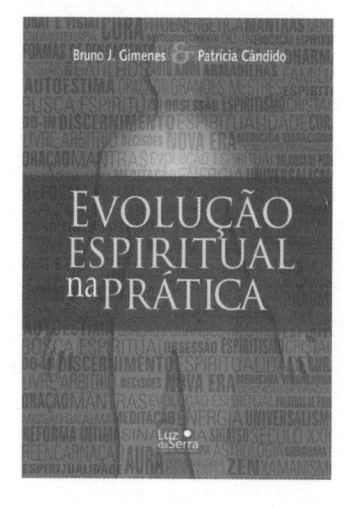

**Evolução Espiritual na Prática**
Bruno J. Gimenes e Patrícia Cândido

Esse trabalho é uma séria proposta que visa contribuir na evolução espiritual universalista (sem cunho religioso), na prática do dia a dia, com uma linguagem diferenciada por sua simplicidade e objetividade. É um manual prático que proporciona ao leitor, condições de acelerar sua evolução espiritual, de forma consciente, harmoniosa, inspirando valores para alma, que o faça refletir sobre o sentido da vida e seus aprendizados constantes.

Páginas: 344
Formato:16x23cm

## O Criador da Realidade: a vida dos seus sonhos é possível
### Bruno J. Gimenes e Patrícia Cândido

O Criador da Realidade é uma obra que vai trazer mais prosperidade e possibilidades à sua vida, pois lhe transformará em um criador consciente da sua realidade. De forma direta e eficiente, oferece todas as informações que você precisa saber para transformar a sua vida em uma história de sucesso, em todos os sentidos: saúde, relacionamentos, dinheiro, paz de espírito, trabalho e muito mais.

Páginas: 128
Formato: 14x21cm

## Viva a sua missão
### Bruno J. Gimenes

A nossa sociedade enfrenta um problema silencioso muito grave: a maior parte das pessoas vive envolvida em um sentimento de frustração, descontentamento, insatisfação pela vida e um profundo vazio no peito que corrói o corpo e a alma. Provavelmente você já sentiu ou sente que esse problema também afeta a sua vida. As principais consequências são: conflitos na autoestima, escassez financeira e falta de prosperidade, doenças, desequilíbrios emocionais agudos e conflitos de relacionamento. Depois de mergulhar mais de 12 anos no tema da transformação pessoal e na compreensão da missão da alma de cada ser, o autor criou um método para você mudar o rumo da sua vida e encontrar a missão da sua alma.

Páginas: 184
Formato: 16x23cm

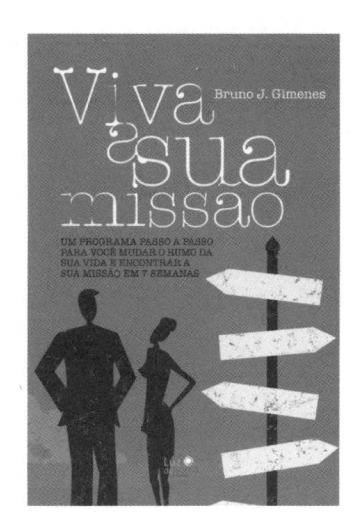

## Sintonia de Mãe
Andressa Bortolasso

Este livro traz um verdadeiro guia sobre como amamentar, com um passo a passo para você aprender a alimentar o seu filho com toda a segurança. Saiba também como criar uma rede de apoio, as melhores posições para o bebê mamar e arrotar, como fazer a pega correta, além do tempo e da frequência de cada mamada.

Descubra as verdades e os mitos sobre o uso da chupeta, os bicos de silicone e a complementação com a fórmula infantil de leite industrializado. Você compreenderá como funciona cada uma das etapas do aleitamento materno – da preparação da mama até como saber se seu bebê está satisfeito – e se realizará ao ver seu filho crescer com saúde e amor! Este é um livro para ter sempre por perto, em todos os momentos da maternidade.

Você estará mais sintonizada e se sentirá muito melhor, com mais energia e disposição para cuidar do seu bebê!

Página: 320
Formato: 16x23 cm

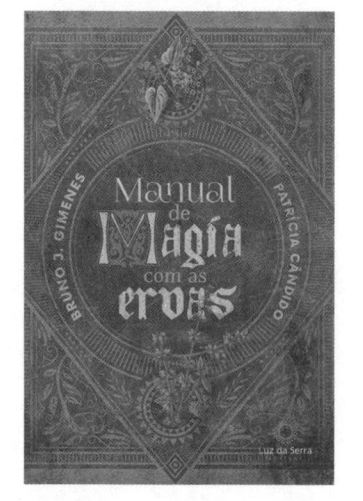

## Manual de Magia com as Ervas
Bruno J. Gimenes e Patrícia Cândido

Imagine a liberdade e a alegria em saber exatamente o que fazer para ajudar o seu filho que vive com uma dor aqui, outra ali. Imagine poder enviar energias a distância para alguém que você quer ajudar ou até mesmo saber o que fazer para ativar a sua autoestima e abrir seus caminhos de prosperidade. Você aprenderá a usar benzimentos, mandalas, incensos, chás, sachês, sprays e muitas outras técnicas poderosíssimas para você transformar profundamente a sua vida e a das pessoas ao seu redor.

Páginas: 256
Formato:16x23cm

## Fitoenergética: a energia das plantas no equilíbrio da alma
### Bruno J. Gimenes

O poder oculto das plantas apresentado de uma maneira que você jamais viu. A Fitoenergética é um sistema de cura natural que apresenta ao leitor a sabedoria que estava escondida e deixada de lado em função dos novos tempos. É um livro inédito no mundo que mostra um sério e aprofundado estudo sobre as propriedades energéticas das plantas e seus efeitos sobre todos os seres.

Páginas: 304
Formato: 16x23cm

## O Chamado da Luz
### Bruno J. Gimenes

O Chamado da Luz é um movimento espiritual emanado pelos mensageiros de Luz para ajudar na transformação da consciência humana. Nesta obra, o autor mostra o que acontece com a sua alma quando o seu corpo dorme e como você pode transformar a sua vida através da oração e das escolas espirituais, como por exemplo, o Instituto Escola das Mães, que prepara as futuras mães para receberem os seus filhos. Mergulhe no Chamado da Luz, pois o amor é para todos! Este livro faz parte da Trilogia composta por: "Símbolos de Força: a volta dos Iniciados" e "Ativações Espirituais: Obsessão e Evolução pelos implantes extrafísicos".

Páginas: 164
Formato: 16x23cm

Transformação pessoal, crescimento contínuo, aprendizado com equilíbrio e consciência elevada.

Essas palavras fazem sentido para você?

Se você busca a sua evolução espiritual, acesse os nossos sites e redes sociais:

🏠 www.luzdaserra.com.br
www.luzdaserraeditora.com.br

facebook www.facebook.com/luzdaserraonline

instagram www.instagram.com/luzdaserraeditora

YouTube www.youtube.com/Luzdaserra

**Luz da Serra**
EDITORA

Avenida 15 de novembro, 785 – Centro
Nova Petrópolis / RS – CEP 95150-000
Fone: (54) 3298-2233 / (54) 99113-7657
E-mail: editora@luzdaserra.com.br